O CAMINHO QUÁDRUPLO

Trilhando os Caminhos do Guerreiro, do Mestre, do Curador e do Visionário

Dados Internacionais de Catalogação na Publicação (CIP)
(Câmara Brasileira do Livro, SP, Brasil)

Arrien, Angeles
O caminho quádruplo: trilhando os caminhos do guerreiro, do mestre, do curador e do visionário / Angeles Arrien; (tradução Eleny C. Heller). – São Paulo: Ágora, 1997.

Título original: The four-fold way.
Bibliografia.
ISBN 978-85-7183-520-7

1. Antropologia 2. Arquétipo (Psicologia) 3. Povos indígenas 4. Relações interpessoais 5. Xamanismo I. Título.

97-3785   CDD-306.08

Índice para catálogo sistemático:
1. Sabedoria indígena: Antropologia cultural: Sociologia   306.08

Compre em lugar de fotocopiar.
Cada real que você dá por um livro recompensa seus autores
e os convida a produzir mais sobre o tema;
incentiva seus editores a encomendar, traduzir e publicar
outras obras sobre o assunto;
e paga aos livreiros por estocar e levar até você livros
para a sua informação e o seu entretenimento.
Cada real que você dá pela fotocópia não autorizada de um livro
financia o crime
e ajuda a matar a produção intelectual de seu país.

O CAMINHO QUÁDRUPLO

Trilhando os Caminhos do Guerreiro, do Mestre, do Curador e do Visionário

Angeles Arrien

Editora
ÁGORA

Do original em língua inglesa
THE FOUR-FOLD WAY
Walking the paths of the warrior, teacher, healer and visionary
Copyright © 1993 by Angeles Arrien, publicado por acordo com Harper San Francisco,
uma divisão da HarperCollins, Publishers, Inc.
Direitos desta tradução adquiridos por Summus Editorial

Tradução: **Eleny C. Heller**
Capa: **Pinky Wainer/Rodrigo Cerviño Lopez**
Editoração eletrônica: **Acqua Estúdio Gráfico**

Editora Ágora

Departamento editorial:
Rua Itapicuru, 613 – 7º andar
05006-000 – São Paulo – SP
Fone: (11) 3872-3322
Fax: (11) 3872-7476
http://www.editoraagora.com.br
e-mail: agora@editoraagora.com.br

Atendimento ao consumidor:
Summus Editorial
Fone: (11) 3865-9890

Vendas por atacado:
Fone: (11) 3873-8638
Fax: (11) 3873-7085
e-mail: vendas@summus.com.br

Impresso no Brasil

Dirige tuas preces ao corvo.
O corvo que é,
O corvo que foi,
O corvo que sempre será.
Dirige tuas preces ao corvo.
Corvo, dá-nos sorte.

    – (do Koyukon, *Ravensong*.)

A meu pai,
Salvador Arrien,

cujo espírito pioneiro o trouxe dos
montes Pirineus da Espanha aos vales do Idaho.
Sua profunda ligação com a natureza,
como criador de ovelhas por mais de vinte anos,
propiciou-lhe serenidade e uma inquestionável
força de caráter. Foi um homem probo, cuja presença
forte e inabalável integridade inspiravam respeito.

SUMÁRIO

Apresentação à Edição Brasileira, 11
Agradecimentos, 13
Declaração, 17

Introdução, 19

O Caminho do Guerreiro, 27

Mostrando-se e Optando por Estar Presente, 29
Ferramentas de Poder do Guerreiro, 34
A Relação do Guerreiro com a Natureza, 36
Como o Guerreiro/Líder Latente se Revela:
    os Aspectos Sombra do Arquétipo do Guerreiro,
    a Criança Ferida do Norte, 38
Processos e Lembretes: Práticas Essenciais
    para o Desenvolvimento do Guerreiro Interior, 40
Sumário do Arquétipo do Guerreiro, 42

O Caminho do Curador, 47

Prestar Atenção ao que tem Coração e Significado, 49
Ferramentas de Poder do Curador, 51
A Relação do Curador com a Natureza, 55
Como o Curador/Líder Latente se Revela:
    os Aspectos Sombra do Arquétipo do Curador,
    a Criança Ferida do Sul, 56
Processos e Lembretes: Práticas Essenciais
    para o Desenvolvimento do Curador Interior, 59
Sumário do Arquétipo do Curador, 62

O Caminho do Visionário, 65

Dizer a Verdade, sem Culpar nem Julgar, 67
Ferramentas de Poder do Visionário, 69
A Relação do Visionário com a Natureza, 73
Como o Visionário/Líder Latente se Revela:
    os Aspectos Sombra do Arquétipo do Visionário,
    a Criança Ferida do Leste, 73
Processos e Lembretes: Práticas Essenciais
    para o Desenvolvimento do Visionário Interior, 77
Sumário do Arquétipo do Visionário, 79

O Caminho do Mestre, 83

Estar Aberto e Não Preso Aos Resultados, 85
Ferramentas de Poder do Mestre, 88
A Relação do Mestre com a Natureza, 90
Como o Mestre/Líder Latente se Revela:
    os Aspectos Sombra do Arquétipo do Mestre,
    a Criança Ferida do Oeste, 90
Processos e Lembretes: Práticas Essenciais
    para o Desenvolvimento do Mestre Interior, 92
Sumário do Arquétipo do Mestre, 94

Conclusão, 97

Apêndices, 103

Apêndice A — Carta da Declaração Universal dos Direitos Humanos
    de Eleanor Roosevelt, 105
Apêndice B — Declaração de Princípios do Conselho Mundial
    dos Povos Indígenas, 110
Apêndice C — Haudenosaunee, ou Confederação das Seis
    Nações Iroquesas — Declaração ao Mundo — Maio de 1979, 112
Apêndice D — O Uso do Termo "Nativos Americanos", 115
Apêndice E — A Jornada do Tambor, 116

Agradecimentos pelos Direitos de Uso, 125

Bibliografia, 127

APRESENTAÇÃO À EDIÇÃO BRASILEIRA

Você está começando a embarcar em uma viagem para o mundo das "Rodas e das Chaves". Se você tem um pensamento linear, ajuste seu processo de pensar e engaje-se na criativa aventura de pensar em círculos...

As Rodas são uma maneira de recordar, compreender e decodificar conhecimentos que estão assentados como as camadas que se vê nos perfis das montanhas mais antigas de nosso Planeta. Elas nos levam a uma percepção do tempo, de maneira multidirecional, de um dado instante; são como mapas cognitivos e ferramentas que ampliam nossa compreensão. As imagens de nossos sonhos, quer estejamos acordados ou dormindo, tornam-se claras e coloridas.

Quando utilizamos essas Rodas e Chaves para nosso crescimento pessoal e transformação, elas são como armas, que conquistam os inimigos que habitam dentro da gente, tais como o medo do desconhecido que às vezes nos impõe padrões e sistemas de educação e crenças para uma interpretação literária e intelectual do que se passa, tirando a força de nosso poder pessoal e levando-nos a uma velhice prematura. Algumas são como mapas, explicando qual a melhor maneira de viver a realidade de nosso cotidiano; outras, são como pinceladas azuis em torno do quadro de nossa realidade espiritual.

Os conhecimentos contidos nas Rodas são as Chaves para a sabedoria e a iluminação, afastando ilusões, fantasias e pensamentos lentos, levando-nos direto à imaginação, ou seja, às imagens em ação. Não precisamos, então, aguardar um *stress* ou uma reação do mundo fenomenal para termos respostas.

A "arte do cerimonial" nos leva a resgatar o antigo e o verdadeiro sagrado de nossos atos, a experimentarmos dimensões do tempo, das quais estávamos completamente esquecidos, a vivenciarmos a ancestralidade das profundas raízes de nossa árvore da vida, recordando nosso "sonho real" sem nenhuma culpa, vergonha ou medo de caminharmos nosso destino e realizarmos a coreografia da dança universal que tem como percussão o pulsar de nossos corações num ritmo de quatro tempos.

O mundo em que vivemos é definido pelos poderes das quatro direções e estabilizado pelos quatro elementos; o estilo de vida, pelas quatro estações, refletido em nossos corações, mente, corpo e alma, seja interna ou externamente, manifestando seus poderes e beleza em todas as nossas relações.

A "Roda de Medicina", "Roda da Vida", "Mandala", "A Grande Espiral" ou qualquer outro dos muitos nomes que lhe são atribuídos, se manifesta puramente em seus princípios básicos, comuns a todas as tradições, através dos "Poderes das Sagradas Quatro Direções" tocando-nos de maneira visível ou simplesmente oculta, em cada página de *O caminho quádruplo*.

Angeles Arrien nos conduz a uma jornada pessoal, trilhando os Caminhos do Guerreiro, do Mestre, do Curador e do Visionário para um espaço seguro e protegido onde podemos nos comunicar diretamente, ou seja, abrir e conversar com nossos corações. Hoje, em nosso tempo transcultural, além de todos os "ismos", no "aqui e agora" que é formado por todos os "nossos ontens" e que será o nosso amanhã; na busca de nosso poder e do reconhecimento de quem somos, de onde viemos, para onde vamos, o que estamos fazendo aqui e como transformar todas as nossas relações equilibradas, corretas, belas e harmoniosas.

Em linguagem atualíssima da Civilização Ocidental, com gravuras, palavras sábias e, ao mesmo tempo, trazendo pinceladas do antigo, por intermédio de práticas de cerimônias e ritos de nossos antepassados, escritas e citadas respectivamente nesta obra, nosso sentimento de entrega é colocado cada vez mais em movimento, como as águas de um rio.

Trilhando esse caminho, dessa doce medicina, podemos vivenciar que nada está separado, que cada um faz parte do outro, o Guerreiro, o Mestre, o Curador e o Visionário, que cada um é uma roda, um espelho para o outro, que a roda é o próprio universo.

Que nesse tear de todas as nossas relações, a urdidura são nossas vidas, e os tons e cores que tecemos são nossos destinos.

Eu sou Zezito Duarte, e eu falei. Ho!

José Duarte Filho
Engenheiro civil e homem-medicina, fundador do
Riachinho – Pesquisa das Energias Naturais.
Chapada Diamantina – Bahia

AGRADECIMENTOS

Sou grata a meus ancestrais e à minha família por me haverem oferecido tão rica herança. Mediante suas contribuições e o pioneirismo de seu espírito basco, eles me inspiraram a me manter ligada à Natureza, e a estabelecer uma ligação entre a origem antiga e os tempos atuais.

Em razão dessa influência, meus treinamentos para *O caminho quádruplo* foram desenvolvidos no sentido de honrar a eterna sabedoria indígena de todos os continentes, para que o legado dos povos com vínculos com a terra não se percam, e possam ser resguardados para o posterior cultivo e cuidados da Mãe Terra.

Muitos se apresentaram para dar apoio aos programas de treinamento do *Caminho quádruplo* e a este livro. A essas pessoas e organizações que propiciaram condições para que eles pudessem se realizar em áreas naturais, meu profundo agradecimento: a Bob Mosby e Jo Norris, do Instituto Rim, e a Brugh Joy, médico da Casa de Campo Moonfire, no Arizona; a Nancee e Hugh Redmond, do Instituto de Artes Transformáticas de Redlands, na Califórnia; a Sylvia Lafair e Herb Kaufman, do Opções pela Energia Criativa, de Filadélfia, na Pensilvânia; a Fritz e Vivienne Hull e Elizabeth Campbell, do Centro de Aprendizado Chinook de Whidbey Island, em Washington; a Susan Osborn, David Densmore e Donna Laslo, da Produções Casa do Som, de Eastsound, em Washington; a Kit Wilson e Greta Holmes, de Fênix, no Arizona; Dwight Judy e Bob Schmitt, do Instituto de Psicologia Transpessoal; às comunidades do Centro Monte Madonna e do Instituto Esalen, da baía de Monterey; e aos profissionais, colegas e amigos que apoiaram e inspiraram meu trabalho, especialmente Cristina e Stan Grof, Frances Vaughan e Roger Walsh, Frank Lawlis e Jeanne Achterberg, Brooke Medicine Eagle, Leslie Gray, Luisah Teisch e Michael Harner.

A todos os meus alunos que participaram do treinamento do *Caminho quádruplo*, aos meus alunos graduados e colegas do Instituto de Estudos Integrais de São Francisco, na Califórnia, e do Instituto de Psicologia Transpessoal de Palo Alto, na Califórnia, cujos ensinamentos sempre enriqueceram nosso aprendizado e crescimento conjuntos. Sou especialmente grata a Phyllis Green por sua persistência em formar o primeiro grupo piloto para o *Caminho quádruplo*, e a Jim Dincalci pelo resumo das anotações e matérias de minhas aulas de Cura Transcultural, que forneceram a estrutura básica para o treinamento.

Eu não teria sido capaz de levar a efeito os treinamentos sem a ajuda de Twainhart Hill e Carolyn Cappai. Suas excelentes habilidades de administração, seu apoio e contribuição durante os quatro anos e meio em que se responsabilizaram pela supervisão de toda a logística relacionada ao programa de treinamento e às minhas fundamentais operações de escritório, tornaram tudo isso possível. Nancy Feehan e Kin Cottingham formaram a equipe de campo, essencial para os programas "solo" em áreas naturais, ligados aos treinamentos de um ano de duração. Além disso, Nancy explorou a área e suas dimensões para essas experiências, e Kim atuou como nosso cozinheiro de campo-base. Os programas de treinamento com alojamento tiveram suporte logístico de Jane McKean, e assistidos no local pela qualidade de trabalho, consultoria e contribuições do time de tambor e de apoio que se fez compor, em ocasiões variadas, por Mo Maxfield, June Steiner, Peter Lyon, Judy Ostrow, Nancy Feehan e Paul Hinckley.

Este livro apresenta alguns dos princípios básicos que se encontram no treinamento do *Caminho quádruplo*. Sou profundamente grata a meu advogado para questões literárias, Brad Bunnin, e a meu editor na Harper San Francisco, Mark Salzwedel. Esses senhores reconheceram e apoiaram a visão desta obra. À outra equipe responsável da Harper, na qual cada um à sua maneira ajudou na realização deste livro, estendo meu agradecimento, de coração: a Michael Toms, Dean Burrel, Jeff Campbell, Jamie Sue Brooks, Adrian Morgan, Naomi Lucks, Robin Seaman, Judith Beck e Bill Turner.

Nos estágios iniciais dos escritos deste livro recebi a ajuda de Kathy Altman, que me ajudou a ver as possibilidades relacionadas ao trabalho. Além disso, fui aquinhoada pela paciência e diversividade de talentos de Diane Smith, que dedicou horas de concentração transcrevendo o material para mim, no computador. Connie King e seu excelente sentido de *design* me ajudaram a selecionar e inserir exemplos de arte rupestre encontrada em todo o mundo. Ela apresentou e sintetizou o material que se encontra nas tabelas circulares de cada capítulo. Twainhart Hill foi responsável pela junção dos múltiplos detalhes necessários à preparação desse material. Ela e Rosalyn Miller gastaram horas intermináveis em busca de permissões.

Respeito a primeira e segunda gerações dos povos étnicos do mundo, porque são eles os que constroem as pontes. Tenho a esperança de que os que se utilizarem deste livro se sentirão inspirados para dar respaldo e honrar suas origens e motivados para deixar um rico legado às crianças da Terra e às gerações futuras.

Angeles Arrien
Sausalito, Califórnia.

As ilustrações deste livro foram selecionadas entre exemplares de arte rupestre e gravuras antigas, porque essas formas de arte se apresentam em todos os continentes. Os desenhos, ao mesmo tempo tão antigos e tão modernos, servem para nos lembrar das origens mais remotas da humanidade.

Lauburu. Palavra/símbolo basco para expressar o termo "quatro cabeças" (Cruz pré-cristã basca). Foto: Jane English, feita no país Basco

DECLARAÇÃO*

Nós, os Povos Indígenas do mundo, unidos neste canto de Nossa Mãe Terra, em grande assembléia de homens de saber, declaramos a todas as nações:

>Glorificamos nosso honroso passado:
>>quando a terra era a mãe que nos alimentava,
>>quando o céu noturno era nosso teto comum,
>>quando o Sol e a Lua eram nossos pais,
>>quando todos éramos irmãos e irmãs,
>>quando nossas grandes civilizações cresciam, sob o sol,
>>quando nossos chefes e anciãos eram grandes líderes,
>>quando a justiça ditava as regras da Lei e sua execução.

>Então, os outros povos chegaram:
>>sedentos de sangue, de ouro, sedentos da terra e de toda sua riqueza,
>>carregando a cruz e a espada, uma em cada mão,
>>sem saber ou esperar para aprender os caminhos de nossos mundos,
>>consideraram-nos como sendo menos que animais,
>>roubaram nossas terras e delas nos arrancaram,
>>e tornaram escravos os Filhos do Sol.

>No entanto, nunca foram capazes de nos eliminar
>>nem de apagar de nossas memórias aquilo que fomos,
>>porque somos a cultura da terra e do céu,
>>somos de antiga linhagem e somos milhões,
>>e embora todo nosso universo possa ser dizimado,
>>nosso povo ainda viverá
>>por mais tempo ainda do que o reino da morte.

>Agora, viemos dos quatro cantos da terra,
>>protestamos diante do concerto das nações,
>>que "somos os Povos Indígenas, nós,
>>os que temos consciência da cultura e de tudo

---

* Fonte: Douglas E. Sanders, *The Formation of the World Council of Indigenous People* — IWGIA (A Formação do Conselho Mundial dos Povos Indígenas), Documento nº 29, de 1977. Esta declaração foi aprovada pelos delegados presentes à I Conferência Internacional dos Povos Indígenas, realizada em Port Alberni, Colúmbia Britânica, em 1975, a qual deu origem ao estabelecimento do "Conselho Mundial dos Povos Indígenas" (World Council of Indigenous People — WCIP).

o que diz respeito ao povo,
dos limites das fronteiras de cada país,
e marginais à cidadania de cada país".

E levantando-nos, depois de séculos de opressão,
evocando a grandeza de nossos ancestrais,
em memória de nossos mártires indígenas,
e em homenagem ao Conselho de nossos sábios anciãos:

Prometemos solenemente retomar o controle de nosso próprio
destino e recuperar nossa completa humanidade e
orgulho de sermos Povos Indígenas.

INTRODUÇÃO

Os povos indígenas são uma das mais persistentes vozes da consciência mundial, alertando a humanidade para os perigos da destruição ambiental. E enquanto o mundo busca por estratégias alternativas para lidar com problemas globais, com mais freqüência vem se voltando para os indígenas. Muito do seu respeito pela natureza, seus métodos de administração de recursos, organização social, valores e cultura estão encontrando eco nos trabalhos de cientistas, filósofos, políticos e pensadores.

— Julian Burger (*The gaia atlas of first peoples: a future for the indigenous world*)

Lauburu. Gravura de
Catalin Voda Dulfu.

Hoje é imperativo que voltemos nossa atenção às questões ecológicas. Nosso planeta, a casa em que vivemos, está em perigo de tornar-se inabitável, graças, em primeiro lugar, à negligência de nossa própria sociedade industrializada. É claro que necessitamos agir para mudar isso, antes que seja tarde demais.

Nossa palavra *ecologia* vem do grego *oikos*, que significa "casa". À medida que nos aproximamos do século XXI, é tarefa de todos os seres humanos cuidar da saúde de nossas casas: a "interior" e a "exterior"; a casa interior, de nossos "eus", o infinito mundo íntimo, e a exterior, do mundo no qual vivemos nossa vida diária. Muitas pessoas, na sociedade contemporânea, percebem pouca ou nenhuma ligação entre esses dois planos, condição que os povos indígenas, do mundo todo, ligados às suas terras, e com culturas milenares, considerariam não apenas triste, mas incompreensível. Em sua obra *Voices of the first day*, Robert Lawlor cita as palavras de um ancião aborígene: "Eles dizem que estamos aqui há 60 mil anos, mas é muito mais. Estamos aqui antes dos primórdios dos tempos. Viemos diretamente do Tempo do Sonho do Criador Ancestral. Mantivemos a terra tal como ela se encontrava em seu Primeiro Dia". E é aos povos nativos que pedimos orientação sobre a maneira de cuidar da terra tal como ela se encontrava em seu primeiro dia. Sua antiga sabedoria universal pode ajudar a restaurar o equilíbrio de nossa própria natureza, e nos assistir no reequilíbrio das necessidades do meio ambiente.

Vivemos uma época que pede por uma "nova ordem mundial". Nosso mundo presente, na verdade, divide-se em quatro: (1) os países altamente industrializados do Primeiro Mundo, tais como os Estados Unidos e as nações da Europa Ocidental; (2) o bloco das nações socialistas do Segundo Mundo; (3) os países em desenvolvimento do Terceiro Mundo, tais como o Brasil e a Tailândia; e (4) o Quarto Mundo, que George Manuel, do Conselho Mundial dos Povos Indígenas, descreve no *Gaia atlas of first peoples* (Burger), como "o nome dado aos povos indígenas descendentes das populações aborígenes de um país, e que hoje estão completa ou parcialmente despojados do direito a seu próprio território e riquezas. Os povos do Quarto Mundo têm apenas limitada ou nenhuma influência sobre o Estado nacional ao qual pertencem". As diferenças entre esses mundos podem ser estabelecidas de maneira muito simples: O Primeiro, Segundo e Terceiro Mundos acreditam que "a terra pertence ao povo". O Quarto Mundo acredita que "o povo pertence à terra". Uma nova ordem mundial pode ser criada desde que os quatro mundos criem uma ponte que seja realmente regenerativa. Talvez essa ponte possa ser a interface no ponto em que os quatro mundos venham a se encontrar para juntos curar e restaurar a Mãe Terra.

Para os habitantes dos três primeiros mundos, compreender e aceitar a existência do Quarto é o primeiro e mais crucial passo para a criação de uma "nova ordem mundial", realmente nova. Isso pode parecer impossível, mas não é. A interface entre os mundos não é rígida e impenetrável. Como explica o notável psicólogo William Bridges, interface significa "o ponto em que a superfície de uma coisa encontra a superfície de outra. É menos que uma linha divisória, e mais que uma membrana permeável, e a ação na interface é o *interplay*, a comunicação, a influência mútua que perpassa entre as sociedades... que se encontram lado a lado. Na interface são estabelecidos os relacionamentos vitais que são necessários à sobrevivência num mundo de crescente interdependência".

TORNANDO-SE SENHORES DA MUDANÇA

Para muitas pessoas, os ideais da Revolução Industrial — no sentido de mais progresso, mais desenvolvimento, maior riqueza — já não mais parecem relevantes, embora tenhamos problemas em abrir mão deles. Mas se devemos sobreviver no século XXI, temos que reconsiderar nossas prioridades.

Em sua obra *Dreaming the dark* (Sonhando com o escuro), Starhawk nos lembra que: "A energia dirigida provoca mudanças. Para termos integridade, devemos reconhecer que nossas escolhas trazem conseqüências, e que não podemos escapar da responsabilidade pelas conseqüências. Não porque estas últimas nos sejam impostas por alguma autoridade externa, mas porque são inerentes às próprias escolhas". As culturas indígenas e orientais há muito reconhecem que a única constante é a mudança, e que o princípio da interdependência é essencial à sobrevivência. Entre os povos tribais, homens e mulheres da medicina, chefes, xamãs, mestres e videntes são os "os senhores da mudança", termo que Rosabeth Moss Kanter introduziu em 1985, como título de sua obra. As tradições xamânicas, praticadas por grupos agrários e indígenas de todo o mundo, recordam-nos de que, durante séculos, os seres humanos vêm se utilizando da sabedoria da natureza e do ritual para dar suporte às mudanças e transições da existência, em vez de ignorar ou negar os processos vitais, como quase sempre fazemos.

Nossa sociedade, como tantas outras sociedades ocidentais, encontra-se separada de suas raízes mitológicas. Na introdução do livro *Rites of passage* de Arnold Van Gennep, Salon Kimbala sugere que "uma dimensão de doença mental pode se manifestar porque um número crescente de pessoas vem sendo forçado a dar cumprimento a suas tradições sozinhas, com símbolos privados". Esse processo de alienação pode ser amenizado pelo reaprendizado dos caminhos de nossos ancestrais. David Feinstein, num artigo publicado no *American Journal of Orthopsychiatry,* ressalta que a renovação demanda um retorno à fonte original da qual todos os mitos pessoais e culturais, em última instância, são criados: a psique humana.

Não importa em que mundo vivemos agora; somos todos povos da terra, ligados uns aos outros por nossa mútua humanidade. Quando damos ouvidos aos povos de cultura ligados à terra, damos ouvidos aos nossos "eus" mais velhos. As culturas indígenas aprovam a mudança e a cura, a transição e os ritos de passagem, por meio de estruturas míticas e pela incorporação da arte, da ciência, da música e da dramatização à vida diária. Todas as formas de cultura do planeta possuem cânticos, danças e histórias que são contadas, e a essas práticas todos temos acesso. Também temos acesso aos quatro arquétipos interiores ou marcas registradas de comportamento humano que estão presentes nas estruturas míticas de todas as sociedades do mundo.

Vivendo o Caminho Quádruplo

> *Avô, Grande Espírito... Tu dispuseste as forças dos quatro quadrantes da terra para que se cruzassem. Tu me fizeste trilhar a boa estrada, e a estrada das dificuldades, e onde elas se cruzam, santo é o lugar. Dia vai, dia vem, para todo o sempre és tu a vida das coisas.*
> — Alce Negro, Sioux Oglala (Nerburn, *Native american wisdom*)

Minha pesquisa demonstrou que, virtualmente, todas as tradições xamânicas recorrem ao poder dos quatro arquétipos para viver em harmonia e equilíbrio com o meio ambiente e a própria natureza interior: o Guerreiro, o Curador, o Visionário e o Mestre. Porque todos esses arquétipos se lastreiam nas raízes míticas mais profundas da humanidade, nós também podemos ter acesso à sua sabedoria. Quando aprendermos a viver esses arquétipos internamente, começaremos a recuperar a nós mesmos e ao nosso fragmentado universo.

Os quatro princípios a seguir, cada um baseado em um arquétipo, compõem o que eu chamo de Caminho Quádruplo:

1. *Mostrar-se ou optar por estar presente.* O estar presente nos permite ter acesso aos recursos humanos do poder, presença e comunicação. Este é o caminho do Guerreiro.

2. *Prestar atenção ao que tem coração e significado.* Prestar atenção abre-nos para os recursos humanos do amor, gratidão, respeito e valorização. Este é o caminho do Curador.

3. *Dizer a verdade, sem culpar nem julgar.* A verdade que não julga mantém nossa autenticidade e desenvolve nossa visão e intuição interiores. Este é o caminho do Visionário.

4. *Estar aberto para os resultados, não preso aos resultados.* A abertura e o desapego nos ajudam a recobrar os recursos humanos da sabedoria e da objetividade. Este é o caminho do Mestre.

Quando compreendemos essas experiências universais, somos mais capazes de respeitar as diversas formas pelas quais tais temas comuns são expressos por todos. Embora esses quatro arquétipos sejam enfatizados pela maioria das tradições xamânicas, é importante entender que eles são universais e acessíveis a toda a humanidade, independentemente de contexto, cultura, estrutura e práticas. Em nossa sociedade, expressamos o caminho do Guerreiro pela nossa capacidade de liderança. Expressamos o caminho do Curador por nossas atitudes preocupados em manter nossa própria saúde e a do nosso meio ambiente. Expressamos o caminho do Visionário através de nossa criatividade pessoal e de nossa capacidade de trazer ao mundo nossos ideais e visões de vida. Expressamos o caminho do Mestre pela nossa capacidade de comunicação e conhecimentos construtivos.

COMO UTILIZAR ESTE LIVRO

Em muitas tradições xamânicas, saúde ótima é considerada a manifestação equilibrada de todos os arquétipos. Os povos indígenas consideram de vital importância estar equilibrado nas quatro áreas: liderança, cura, capacidades visionárias e ensino. Para muitas pessoas, no entanto, esse equilíbrio está longe da realidade. A maioria dentre nós tende a supervalorizar uma área, enquanto deixam subdesenvolvidas as demais. Pare um instante e avalie seu próprio equilíbrio. Você se considera um Guerreiro, um Curador, um Visionário ou um Mestre?

Se se considera um Guerreiro ou líder, por exemplo, você se sente totalmente competente nessa área, ou aprender as habilidades do Visionário o ajudariam a expressar sua visão daquilo que poderia ser possível? Aprender as habilidades do Curador o ajudariam a trabalhar com as pessoas, dedicando-lhes amor em vez de pensar em competição? Aprender as habilidades do Mestre o abririam a novos direcionamentos que você ainda não havia considerado? Neste livro nós nos dedicaremos a explorar os meios de abertura ao poder total de cada caminho.

Este livro está dividido em quatro partes. Em cada uma delas analisaremos a teoria e a prática de cada arquétipo. A teoria trata do princípio-guia de cada um, as ferramentas de que você pode se utilizar para fortalecer o arquétipo, de que maneira fazer uso da natureza para entrar em conexão com ele e como você poderia estar expressando seus aspectos negativos (ao que Jung denominou *sombra*).

A prática abrange a postura para ajudá-lo a entender e expressar o arquétipo através de seu corpo e de sua mente, e questões que poderão ajudá-lo a dar seguimento à análise de seu próprio eu. Essas questões, como o próprio nome sugere, são designadas para conduzi-lo em busca do arquétipo adormecido dentro de você. Não tenha medo de aventurar-se em áreas desconhecidas, pouco claras, inexploradas e não expressas. Ulitize-se das questões como achar melhor. Se você já possui um diário, talvez queira escrever nele suas respostas. Se costuma meditar, talvez se decida a meditar sobre elas. Pedimos que formule e responda a essas questões várias vezes; suas respostas começarão a mudar, à medida que o arquétipo começar a se desenvolver e se expressar em seu interior. Finalmente, cada seção termina com um sumário e uma tabela que mostra as associações naturais a cada arquétipo.

Exemplares de arte rupestre e gravuras antigas ilustram este livro, porque essas formas de arte se apresentam em todos os continentes. Os desenhos, ao mesmo tempo tão antigos e tão modernos, servem para nos lembrar das origens mais remotas da humanidade.

Minha pesquisa e a pesquisa de várias outras pessoas mostram que o pensamento dos povos indígenas de todos os lugares é nitidamente consistente. Este livro foi concebido não como referencial didático, mas como porta de entrada para a consciência do Quarto Mundo às pessoas dos três primeiros. Por essa razão, em toda a obra faço referências a idéias e verdades transculturais.

Se desejar ler mais sobre práticas específicas ou sobre alguma cultura em especial, consulte a bibliografia, no final do livro, para maiores informações.

EMBARCANDO NO CAMINHO QUÁDRUPLO

O espiritualismo é a mais elevada forma de consciência política. Os povos nativos ocidentais encontram-se entre os únicos sobreviventes no mundo que têm a posse desse tipo de consciência. Eles estão aqui para compartilhar essa mensagem. É importante usá-la com sensatez e conhecimento ao ingressarmos no século XXI — momento de ligar a sabedoria antiga à criativa tapeçaria dos tempos modernos.

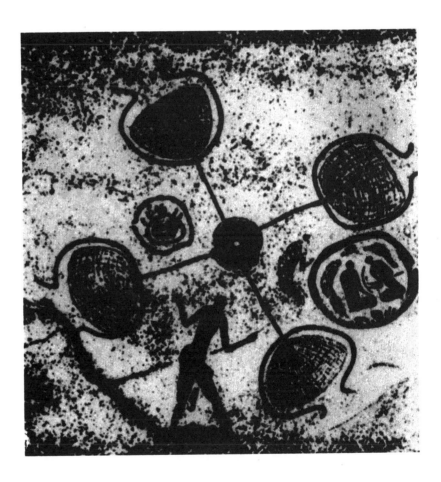

Pintura rupestre. Inaouanrhat, Deserto do Saara, África. Fonte: Douglas Mazonowicz, *Voices from the Stone Age: a search for cave and canyon art* (Nova York, Thomas Y. Crowell Company, 1974, p. 164)

AO LADO: Gravura de Constance King. Centro: O tema do quádruplo, que representa os grandes círculos da vida e são quase sempre compostos de quatro círculos ou figuras ovais ao redor de um centro comum, como nesta tigela de arte Cucuteni tardia. Cucuteni B2 (Buznca, cerca de Petra Neamt, Moldavia; 3.700-3.500 a.C.). Fonte: Marija Gimbutas, *The language of the goddess* (São Francisco, Harper & Row, 1990, p. 297)

O CAMINHO DO GUERREIRO

*As pessoas são como saquinhos de chá.
Você descobre o quanto são fortes
quando os coloca na água quente.*

—Anônimo

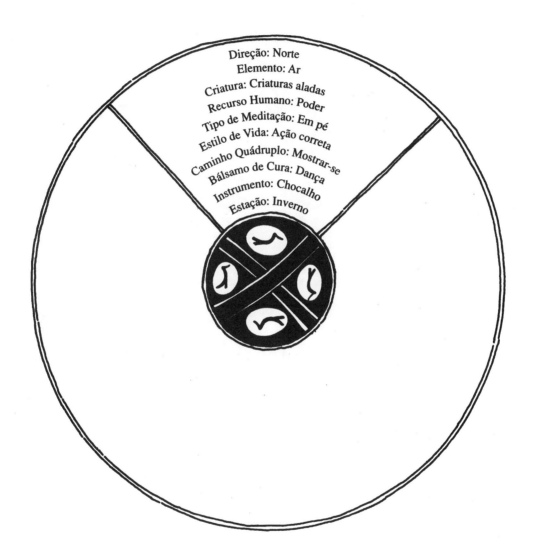

Transculturalmente, existem várias e diferentes perspectivas entre os povos indígenas de cada continente, no que diz respeito aos pontos cardeais e às estações do ano. No entanto, a maioria deles os vê tal como apresentados aqui.

Deusa com chifres. Tassili, Aouarhet, Saara central, norte da África.
Fonte: Henri Lhote, *The search for the Tassili frescoes*. Traduzido do francês por Alan Houghton Brodrick (Nova York, E. P. Dutton & Co, 1959, p. 89)

Mostrando-se e optando por estar presente

As sociedades indígenas de todo o mundo se relacionam com o processo de fortalecimento por meio do tema mítico e da expressão arquetípica do Guerreiro. Ao longo da história, homens e mulheres que exploraram o caminho do Guerreiro foram chamados de líderes, protetores, magos, aventureiros e exploradores. Nas sociedades ocidentais contemporâneas, tornar-se líder efetivo, em qualquer ramo de atividade, significa desenvolver o Guerreiro interior.

O princípio que guia o Guerreiro é: *mostrar-se e optar por estar presente*. O Guerreiro desenvolvido demonstra *honra e respeito* por todas as coisas, faz uso da *comunicação criteriosa*, estabelece *limites e determinações*, é *responsável e disciplinado*, faz *uso correto do poder* e entende *os três poderes universais*.

Honra e Respeito

Talvez o mais importante aspecto do Guerreiro seja sua capacidade de honrar e respeitar. *Honrar* é a capacidade que temos de conferir respeito ao outro. Tornamo-nos dignos de honra quando nossa capacidade de respeitar é expressa e fortalecida. O termo *respeito* vem do latim *respicere*, que significa "disposição de olhar novamente". O Guerreiro está propenso a um segundo olhar, em vez de manter-se aferrado a um ponto de vista particular em relação a uma situação ou pessoa.

Se quisermos atingir o arquétipo do Guerreiro e nos tornarmos líderes mais efetivos, devemos ter boa vontade para ver nossas muitas e reais capacidades, em vez de nos prendermos somente a uma ou duas partes de quem pensamos que somos. Os líderes bem-sucedidos são capazes de dar valor às diferenças, tanto suas como dos demais. O treinador de um time num campeonato, por exemplo, obtém o máximo dos jogadores distribuindo-os em diversas posições para ter acesso ao seu potencial, em vez de insistir para que joguem sempre nas posições para as quais foram contratados.

Quando temos a boa vontade de olhar de novo, respeitamos. Isso nos permite estar abertos e flexíveis tanto em relação a nós mesmos como aos outros.

Comunicação Criteriosa

O Guerreiro habilidoso, que sabe honrar e respeitar, começa por dar valor à arte e à habilidade da *comunicação*. O líder efetivo é consistente em palavras e ação.

Há duas causas para todos os mal-entendidos: não dizer o que queremos dizer, e não fazer o que dizemos. Quando dizemos o que queremos e fazemos o que dizemos, tornamo-nos confiáveis. Muitas sociedades indígenas reconhecem que a falta de alinhamento entre palavra e ação resulta sempre em perda de poder e efetividade. O Chefe Boi Sentado, citado no Volume I do livro de Roger Moody *The indigenous voice*, descreve-nos o que acontece quando não há respeito e quando palavras e ação não são consistentes:

... externamente, ele está em prontidão física para atender a qualquer chamado ao serviço e, interiormente, ele se esforça para cumprir o Caminho... Dentro de seu coração ele guarda os rumos da paz, mas fora mantém suas armas prontas para usá-las.

— Ryusaku Tsunoda,
Sources of japanese tradition

ACIMA: Guerreiro ajoelhado. Fonte: Douglas Mazonowicz, *Voices from the Stone Age: a search for cave and canyon art* (Nova York, Thomas Y. Crowell Company, 1974, p. 59)

Qual o tratado que os brancos respeitaram e os peles-vermelhas quebraram? Nenhum.

Que tratados os brancos fizeram conosco e eles respeitaram? Nenhum.

Quando eu era menino, os sioux eram os donos do mundo; o sol nascia e se punha em suas terras; enviavam dez mil homens às batalhas. Onde estão os guerreiros hoje? Quem os escravizou? Onde estão nossas terras? Quem as possui? Qual é o homem branco que pode dizer que eu jamais roubei sua terra ou um centavo sequer de seu dinheiro? No entanto, eles me chamam de ladrão. Que mulher branca, ainda que desprotegida, jamais foi escravizada ou desrespeitada por mim? E, no entanto, eles dizem que eu sou um índio mau. Que homem branco jamais me viu embriagado? Quem jamais retornou a mim, faminto ou mal-alimentado? Quem jamais me viu batendo em minhas esposas ou abusando de meus filhos? Que lei eu desrespeitei? É errado que eu ame aos meus? Sou desgraçado porque minha pele é vermelha? Porque sou sioux, porque nasci onde viveu meu pai, porque morreria por meu povo e meu país?

Seja qual for nossa identidade cultural, é importante levar em consideração os tratos pessoais e profissionais que fizemos e honramos, e aqueles que quebramos. As crianças reconhecem a importância de resguardarmos nossa confiabilidade, honrando os contratos que fazemos quando gritam: "Mas você quebrou sua promessa!".

Limites e Determinações

Outro aspecto da comunicação, necessário para a efetiva liderança, é a capacidade de entender a diferença entre "sim" e "não". Essas duas palavras revelam nossos limites e nossas determinações — o que estamos dispostos a fazer e o que não estamos dispostos a fazer. Quando dizemos "sim", quando o que realmente queremos dizer é "não", perdemos poder pessoal e nos transformamos em vítimas ou mártires. Quando dizemos "não" a alguém, sabendo que a situação pede que digamos "sim", nos tornamos mesquinhos ou egoístas.

Lamentavelmente, a mentalidade ocidental sempre acredita que a palavra "sim" significa "eu gosto de ti e concordo contigo", e que a palavra "não" significa "estou te rejeitando ou discordando de ti". A maioria dos povos no mundo não-ocidental, no entanto, não sobrecarrega esses termos com um significado emocional. Reconhecem que o "sim" admite um ponto de vista ou perspectiva, o que não significa, necessariamente, concordância; e que o "não" simplesmente honra um limite e uma determinação, e indica a capacidade de respeitar o que alguém está querendo ou não fazer naquele momento.

O caminho do Guerreiro exige que respeitemos e honremos nossos limites e determinações, bem como os limites e determinações dos outros. O líder efetivo sabe ser um negociador flexível por saber apropriadamente dizer "Não, isto é um limite" e "Sim, isto é algo que estou disposto a fazer".

Responsabilidade e Disciplina

O Guerreiro também deve entender e estar consciente das causas e efeitos das ações praticadas ou não. Essa capacidade de atenção chama-se "*responsabilidade*", capacidade de responder. O *Book of changes* (Livro das mutações) chinês, o *I Ching* nos lembra que "não é o que acontece que é importante, é a resposta ao acontecimento que é tudo". Responsabilidade não é apenas a capacidade de responder ao que nos acontece, é também a capacidade de sustentarmos nossas

---

Nunca perca tempo com pessoas que não o respeitam.

— Provérbio Maori
(Feldman, *A world treasury of folk wisdom*)

> *... de suas espadas eles forjarão relhas de arados e de suas lanças, foices. Uma nação não levantará a espada contra outra, e não mais provocará a guerra.*
>
> — Isaías, 2:4

> *Acreditar que podes ser perfeito é a imperfeição fatal. Acreditar que és invulnerável é a vulnerabilidade maior. Ser um Guerreiro não significa nem vencer, nem mesmo ser bem-sucedido. Significa arriscar e falhar, e arriscar de novo, enquanto viveres... Eu... perguntei aos homens: A quem escolhereis como membro guerreiro? ... A maioria, inequivocamente, escolheu o Irmão David Steindl-Rast, o bondoso monge beneditino. Por quê? "Porque ele não dependeria de nós." "Ele tem uma força interior." "Pode-se confiar nele, que ele carrega seu próprio fardo." "Ele é fiel a si mesmo."*
>
> — Richard Heckler, *In search of the warrior spirit*

ações e sermos responsáveis por tudo o que fazemos e deixamos de fazer. Isso significa que nós não nos permitimos desmentir ou sermos indulgentes em relação a nós mesmos. Nossa capacidade de responder impecavelmente e com integridade aos acontecimentos que criamos é o que nos traz à arena do Guerreiro.

Esse aspecto da responsabilidade é *"disciplina"*. Disciplina é o processo de encarar a vida de frente e agir sem precipitação. De fato, esse termo significa "ser discípulo de si mesmo". Quando somos discípulos de nós mesmos, honramos nosso próprio ritmo, nosso "ir-passo-a-passo" natural. Tendemos a perder o rumo quando temos muito ou pouco a fazer. Esses períodos devem nos servir de lembretes para caminharmos com disciplina, e nos movermos não com imprudência, mas passo a passo.

Disciplina e responsabilidade são as ferramentas do Guerreiro para honrar a estrutura e a função. Os povos baseados na terra sabem que muita estrutura ou muita formalidade levam à rigidez e à calcificação, e que muita funcionalidade ou criatividade a esmo levam ao caos. No Oriente, o equilíbrio entre estrutura e função se expressa na metáfora da haste de bambu — a capacidade de permanecer firme, mesmo quando vergada. As sociedades antigas reconhecem a estrutura e a função inerentes à natureza, e se comprometem a manter e retomar seu equilíbrio. O caminho do Guerreiro está voltado para respeitar e proteger a estrutura e a função da Mãe Natureza. Quando nos tornamos cuidadores da terra, atingimos o arquétipo do Guerreiro e assumimos a responsabilidade pela forma pela qual nos utilizamos de nosso poder.

A obra de Thomas Cleary, *Zeulessous: The art of leadership*, é uma coletânea de ensinamentos políticos, sociais e psicológicos de adeptos chineses do Zen (Chan), da dinastia Song. Nele somos lembrados de que, se aderirmos aos "três 'não' da liderança", seremos não apenas responsáveis, mas estaremos também honrando os processos de disciplina encontrados em todas as estruturas e funções:

Na liderança existem três "não":

quando houver muito a fazer, não tenha medo;

quando nada houver a fazer, não se precipite; e

não fale sobre opiniões do certo e do errado.

Um líder que consiga ser bem-sucedido nessas coisas não se deixará confundir ou iludir por coisas exteriores.

Quando aplicamos o princípio dos "três não" em nossas vidas, honramos os aspectos inerentes à estrutura e à função, trazendo disciplina e responsabilidade para tudo o que fazemos.

Uso Correto do Poder

O desafio de todo Guerreiro e líder é o *uso correto do poder*. Os povos nativos dos continentes americanos utilizam-se dos termos *poder* e *remédio* como sinônimos. Quando queremos dar plena expressão ao que somos, dizemos que estamos "cheios de força", e que "expressamos nosso remédio".

O poder é um recurso humano quase sempre relacionado com o uso da energia ou com o fortalecimento de nós mesmos e dos demais. Quando demonstramos nossa força, ninguém pode nos dizer o que não pode ser feito. Estamos libertos dos padrões de autodesmerecimento e não estamos dispostos a aceitar a percepção alheia daquilo que podemos ou não fazer. Em termos mitológicos, as sugestões problemáticas que damos a nós mesmos ou aos outros são conhecidas como "feitiços", encantamentos mágicos que governam nosso comportamento.

Os mais comuns se compõem das palavras: "eu não posso", "eu gostaria de ter", "algum dia, eu..." e "se ao menos". A famosa obra-prima de Lewis Carroll, *Through the looking glass* (Através do espelho e o que Alice encontrou lá) citada no livro *The speaker's sourcebook*, de Van Ereken, contém um diálogo entre Alice e a rainha. Esta, num estilo muito próprio do Guerreiro, reconhece o poder pessoal e não permite que feitiços auto-impostos ou sugestões de terceiros interfiram com aquilo que deve ser feito. Ela reforça a necessidade de sonhar o sonho impossível:

> "Não posso acreditar!", disse Alice.
> "Não pode?", disse a rainha, num tom de pena. "Tente de novo, respire bem fundo e feche os olhos."
> Alice riu: "Não adianta tentar", disse ela. "Ninguém pode acreditar em coisas impossíveis."
> "Eu ousaria afirmar que você não tem treinado o bastante", disse a rainha. "Quando eu tinha sua idade, sempre fazia isso durante meia hora por dia. Sim, às vezes eu acreditava em até seis coisas impossíveis antes do café."

Muitas sociedades indígenas acreditam que todos possuímos um "remédio original": poder pessoal único, que não se encontra duplicado em mais nenhum outro lugar do planeta. Não existem duas pessoas com a mesma combinação de talentos ou de desafios; portanto, quando nos comparamos aos outros, os povos nativos consideram isso um sinal de que não acreditamos que possuímos o remédio original. Essa crença afeta não apenas a nós mesmos, mas se estende ao mundo. Não estar "em nosso remédio" ou não trazer para o mundo nossa força impossibilita que a cura alcance a Mãe Natureza e todas as suas criaturas.

As sociedades orientais honram o uso correto do poder por meio das artes marciais e trabalhando sua própria ki ou ch'i, o poder derivado da força vital. Na obra de Cleary, *Zen lessons*, todo líder é lembrado sobre os elementos necessários ao bom uso do poder: "O corpo da liderança possui quatro membros: iluminação e virtude, palavra e ação, humanidade e justiça, etiqueta e lei". O arquétipo do Guerreiro exige que nos utilizemos do poder de forma iluminada, que incorpore integridade, alinhamento de palavra e ação, honra e respeito, servindo à humanidade pelo bem e pela justiça. O líder que espera que as pessoas apresentem o melhor de sua capacidade alcançará o melhor resultado. O uso correto do poder permite fortalecer a nós mesmos e aos outros.

Os Três Poderes Universais

Minha pesquisa demonstrou que, universalmente, existem três tipos de poder: o poder da presença, o poder da comunicação e o poder do posicionamento. Os indivíduos das comunidades xamânicas acreditam que a pessoa que possui esses três poderes personifica o "grande remédio" e não pode ser ignorada.

Três personalidades famosas que os apresentavam, personificando a estrutura mítica e o arquétipo do Guerreiro/Líder, foram Eleanor Roosevelt, Gandhi e Martin Luther King Jr. Cada um deles é um exemplo de como uma pessoa pode incorporar o poder da presença, o poder da comunicação e o poder do posicionamento, por estar disposto a assumir seu lugar na arena que para ele tenha coração e significado. Nas sociedades xamânicas, é tarefa do Guerreiro tornar-se visível e, por seu exemplo e intenção, fortalecer e inspirar aos demais. É importante lembrar que as pessoas que trazem em si "o grande remédio" podem ser encontradas em todos os quadrantes da existência, podendo não ser muito conhecidas.

Fama ou integridade: o que é mais importante?
Dinheiro ou felicidade: o que é mais valioso?
Sucesso ou derrota: o que é mais destrutivo?
Dominar os outros é força: Dominar-te a ti mesmo é o verdadeiro poder.
Quando te contentares em ser apenas tu mesmo, e não te comparares nem competires, todos te respeitarão.

— Lao Tsé, *Tao Te Ching* (Mitchell)

O Poder da Presença

Todo ser humano possui o poder da presença. Walt Witman reconheceu-o quando escreveu, em seu *Leaves of grass*: "Convencemos por nossa presença". Muitas sociedades indígenas reconhecem essa capacidade, a que sempre se referem no sentido de "mostrar-se" ou "optar por estar presente e visível".

O poder da presença significa sermos capazes de trazer à frente as quatro inteligências: a mental, a emocional, a espiritual e a física. Alguns indivíduos possuem uma tal presença que os identificamos como personalidades carismáticas ou magnéticas. Eles nos atraem e cativam nosso interesse mesmo antes de falarem ou de que saibamos qualquer coisa a seu respeito.

É fácil optar por não estar presente: podemos nos deixar mergulhar em nossos pensamentos, estar emocionalmente confusos com um problema passado ou sonhar com possibilidades futuras. Nesse caso, pode-se realmente afirmar que "não estávamos de todo ali". Quando optamos por "nos mostrar" energeticamente, com as quatro inteligências, expressamos a força da presença.

O Poder da Comunicação

Comunicação efetiva é o caminho do Guerreiro ou do líder. Comunicação habilidosa é aquela em que alinhamos conteúdo, *timing* e contexto. A comunicação estrondosa é um anúncio de grande conteúdo, mas pobre em *timing* e contexto. A comunicação confusa quase sempre apresenta bom *timing* e contexto, mas é pobre em conteúdo e tem como efeito a incongruência entre nossas palavras e nosso comportamento.

"Então, você deveria dizer o que pensa", continuou o Coelho Maluco. "Eu digo", respondeu Alice, impetuosamente: "ao menos... eu penso aquilo que quero dizer — que é a mesma coisa, como você sabe."

— Lewis Carroll, *Alice no país das maravilhas*

Para que a comunicação atinja sua máxima efetividade, devemos ser consistentes em relação aos seus ingredientes essenciais: escolha das palavras, do tom e da expressão corporal não-verbal. Por exemplo, podemos fazer uma excelente escolha de palavras, tal como: "Que dia maravilhoso!", mas nosso tom melancólico e nossa cabeça pendente podem estar enviando a mensagem contraditória de que esse dia não é assim tão maravilhoso. A comunicação que nos fortalece e inspira é aquela que é liberada no tempo e lugar apropriados, para que a pessoa envolvida a ouça e receba.

O Poder do Posicionamento

O Guerreiro demonstra seu desejo de tomar uma posição firme. Esta é a capacidade de fazer os demais saberem onde nós nos colocamos, onde não, o que defendemos, e de que maneira respondemos por nós mesmos.

Muitos políticos têm grande presença e grande capacidade de comunicação, mas perdem força quando deixam as pessoas em dúvida sobre onde se colocam em relação a determinados problemas. As posturas indianas de ioga, os "pontos de força" xamânicos e o "feng shui" (conceito chinês de distribuição correta de construções e seu mobiliário), todos reconhecem o poder do posicionamento. Muitas culturas nativas se utilizam desses quatro princípios como guias na condução de uma vida de qualidade e integridade. O verdadeiro Guerreiro/Líder é identificado como alguém que sabe como honrar e respeitar; estabelece limites e determinações; alinha palavras com ações e sabe ampliar sua responsabilidade em estrutura e função de maneira fortalecedora.

FERRAMENTAS DE PODER DO GUERREIRO

As culturas xamânicas apresentam vários métodos de ensino e treinamento para o desenvolvimento dessas habilidades de liderança e de fortalecimento. Para muitas culturas indígenas, a *sessão de recuperação da alma* é uma técnica de fortalecimento empregada por aqueles que desejam trazer de volta partes de si mesmos que foram perdidas. Sandra Ingerman, em seu livro *Soul retrieval*, descreve essa antiga metodologia. As ferramentas de fortalecimento utilizadas nesse trabalho incluem: *sessão com chocalhos, dança, meditação em pé, animais de poder e animais aliados*.

Sessão com Chocalhos

A utilização de sons, a indução sonora com instrumentos para a obtenção de um estado alterado é uma parte importante da sessão de recuperação da alma nas tradições xamânicas. O mais antigo instrumento musical utilizado com esse fim entre os povos nativos é o chocalho, imitação da chuva feita pelo gênero humano. É um instrumento de limpeza e purificação utilizado para remediar a "perda da alma". Os termos contemporâneos para a perda da alma são "depressão", "desânimo" e "abatimento". Na prática, a maioria dos xamãs primeiro usa o chocalho para limpar e purificar. Depois, se utilizam de seu som para chamar as partes da alma que foram perdidas no passado, num lugar em particular ou num antigo relacionamento.

Muitas sociedades xamânicas atribuem ao chocalho três funções: 1) de recuperação da alma; 2) de limpeza e purificação; e 3) de ajuda na sessão de visionarização (faz-se isso pedindo-se ao chocalho, por meio de seu som, qualquer orientação oracular que se faça necessária). Ainda hoje o chocalho permanece como o único objeto que familiares e amigos, universalmente, oferecem a todas as crianças recém-nascidas. Talvez o ser humano traga consigo o reconhecimento subliminar do chocalho como fonte primal de reconforto, revitalização e força que ainda se faz presente nos tempos atuais, para nos lembrar de fazer valer e recordar todas as partes que nos compõem.

Dança

A *dança* é um método de fortalecimento e de trabalho de recuperação da alma que é utilizado, consciente ou subconscientemente, em todas as sociedades. Quando dançamos, atingimos a essência de quem somos e experimentamos a união entre espírito e matéria. Como explica Alonzo Quavehema, dos Hopi (citado no livro *Rare glimpse into the evolving way of the Hopi*, de James K. Page Jr.): "Ficamos acordados e cantando os hinos sagrados durante toda a noite para nos purificarmos e para que nossa dança e nossas preces possam trazer o bem para todos".

Hoje podemos nos utilizar da terapia da dança para entrarmos em contato com nosso Guerreiro interior. Um bom exemplo desse tipo de trabalho do Guerreiro é descrito pela dançarina profissional Gabrielle Roth, em seu livro *Maps to ecstasy*, no qual ela ensina os cinco ritmos elementares para todo ser humano, quando explora a dança:

Com o tempo, até um urso pode aprender a dançar.

— Provérbio iídiche
(Feldman, *A world treasury*)

1. O *ritmo do fluir* é o mestre da fluidez e da graça.
2. O *ritmo do caos* é um anúncio da criatividade buscando a forma.
3. O *ritmo stacatto* é o mestre da definição e refinamento.
4. O *ritmo lírico* é o mestre da síntese e da integração.
5. O *ritmo do silêncio* é o mestre do contentamento e da paz.

Quando dominamos esses cinco ritmos, a separação entre nossa experiência interior e exterior termina. A sabedoria do folclore do leste da África descreve a essência dessa unidade no dito: "Uma perna não dança sozinha" (Feldman, *A world treasury of folk wisdom*).

Meditação em Pé

O Guerreiro se utiliza do ritmo do silêncio para atingir a integração dos poderes de presença, comunicação e posicionamento. As tradições xamânicas fazem uso da posição em pé e do ritmo do silêncio para treinar os indivíduos na arte de atingir o completo poder sobre si mesmos. Não é raro, nessas sociedades, que os sujeitos orem em pé, por longos períodos de tempo, quando procuram obter visões. Transculturalmente, a prática da *meditação em pé* (descrita nos Processos e Lembretes, à p. 40) é utilizada nas artes marciais, nas práticas espirituais e entre os militares, como um meio de reforçar e fazer fundirem-se os três poderes universais da presença, da comunicação e do posicionamento, os quais nos permitem a ligação com nosso ser maior. Em seu clássico guia de liderança, influência e respeito, o *Tao Te Ching* (citado na tradução de R. L. Wings), Lao Tsé nos recorda a maneira pela qual o Guerreiro se utiliza e compreende o poder e a dança da vida:

Ninguém se machuca ao fazer a coisa certa.

— Provérbio havaiano
(Feldman, *A world treasury*)

Conhecer o absoluto é ser tolerante.
O que é tolerante torna-se imparcial;
O que é imparcial torna-se poderoso;
O que é poderoso torna-se natural;
O que é natural torna-se Tao.

A procura pelo eu em seu pleno funcionamento promete ser o mais frutífero empenho que um líder pode assumir. Ser cheio de poder — poderoso — é a instância natural, de tolerância, respeito e imparcialidade do caminho do Guerreiro.

Animais Protetores e Animais Aliados

Várias sociedades xamânicas alcançam o poder trabalhando conscientemente com um *animal de poder*. Nosso animal de poder é aquele com o qual mais nos identificamos, ou o que se nos deu a conhecer em nossos sonhos, meditações ou sessão xamanística, no mínimo por quatro vezes. Sua função é guardar e proteger nosso corpo físico. Ele chama de animais aliados (àqueles pelos quais nos sentimos sempre atraídos em nossas vidas, ou pelos quais sentimos afinidade), para nos assistir em nossas fases de transição, crescimento e dificuldades.

Os animais de poder e os aliados nos assistem diariamente nos testes e desafios que enfrentamos. Nas culturas totêmicas podem ser simbolizados como as esculturas entalhadas de animais de poder que protegem o vilarejo ou a comunidade; nos entalhes com a história da família e da comunidade, com seus espíritos guardiães, como é o caso entre os nativos do noroeste do Pacífico; ou em objetos de poder, com a imagem do animal de poder da pessoa na base, e imagens de quaisquer animais adicionais colocadas no topo, como animais aliados. Em sua obra inovadora e fortalecedora, *The personal totem pole*, Stephen Gallegos demonstra como combinar totens, visualização de animais e chacras, ou trabalho com centros de energia, dentro do contexto psicoterapêutico, fazendo-se uso da visualização de animais como meio de estabelecer ligação com o poder natural de cura de cada indivíduo.

A RELAÇÃO DO GUERREIRO COM A NATUREZA

Os povos nativos reconhecem que a ferramenta de maior fortalecimento e cura com a qual podemos contar é nossa *ligação com a natureza e com o mundo natural*. Em seu livro *Indian country*, Peter Mathiessen nos faz recordar a profunda ligação existente entre natureza e espírito:

> O homem é um aspecto da natureza, e a própria natureza é manifestação da religião primordial. Mesmo a palavra "religião" traça uma separação desnecessária, e não existe palavra para ela nos idiomas indianos. A natureza é o "Grande Mistério", a "religião de antes da religião"...

Embutido na busca das visões ou nas experiências dos povos nativos com a natureza transformadas em cerimônias, encontra-se o inerente conhecimento de que a natureza é uma fonte ilimitada de fortalecimento e de ligação do espírito com a matéria. Biologicamente, para manter nossos níveis de energia e vitalidade, é obrigatório passar, diariamente, uma hora inteira ao ar livre. Quando crianças, passamos mais tempo fora do que dentro de casa; adultos, fazemos o contrário. Para manter nosso bem-estar é necessária, para nossa vitalidade e nosso espírito, a conexão diária com o ar, com a luz e com a terra. Em sua arte rupestre, as sociedades neolíticas representavam a necessidade biológica que os seres humanos possuem de ligação com a natureza, desenhando vários homens como se fossem árvores ou o que parece ser "homens árvores".

Três pessoas. Pintura em pedra. Dona Clotilde Shelter, Albarracin, Espanha.
Fonte: Mazonowicz, *Voices from the Stone Age* (p. 87)

*A Natureza, eu, o
Dia de amor, espontâneo
o sol que se eleva,
o amigo com o qual sou
feliz ...*

— Walt Whitman, "Song of myself", *Complete Poetry*

Posturas chiltan.
ESQUERDA: Menhin, Colombia, ca. 1.000 a. C.
DIREITA: Hirschlanden, Baden-Wuerttemberg, Alemanha, cultura Hallstatt, 600 a.C.
Fonte: Felicitas D. Goodman, *Where the spirit rides the wind* (Bloomington Indiana University Press, 1990, pp. 119-57)

Em muitas culturas indígenas, as *árvores* são consideradas as "pessoas que medicam" do reino das plantas. Como elas, o caminho do Guerreiro é tornar-se enraizado e contido — flexível e vergando-se com o vento, mas estável. Em várias culturas, as árvores simbolizam o processo de transformação. Suas raízes são associadas ao passado e à maneira pela qual honramos nossa herança e nossos ancestrais. O tronco simboliza a vida presente e revela onde a força da vida e o espírito da criação estão, ou não, envolvidos. Os ramos simbolizam os objetivos futuros desejados ou, se se trata de uma árvore frutífera ou floral, a consecução desses objetivos. O Guerreiro, tal como uma árvore, honra o passado, presente e futuro, de estação a estação.

Outra ferramenta de poder do Guerreiro, utilizada para estabilizar e concentrar energia, é a *postura em pé combinada com as posições das mãos*. Esta última consiste em colocar uma das mãos sobre o coração e a outra entre as costelas e o umbigo. Nos vales do Uzbesquistão, é com essa postura que se pede ajuda a um grupo de espíritos denominados Chiltan, que são chamados sempre para curar, restaurar as forças e estabilizar a energia. Felicitas D. Goodman estudou as posturas transculturais que induzem jornadas de transe e experiências extáticas. Em seu livro *Where the spirits ride the wind*, ela explica que a postura chiltan se apresenta na costa noroeste da América do Norte, no Arizona, na Europa antiga e na África moderna, e entre os olmec, na América Central. Nas sociedades indus que trabalham com posições de ambas as mãos (mudras) e posturas corporais variadas (ioga) é o método mais utilizado para reequilibrar energia ou poder pessoal. Essas posturas são encontradas em várias culturas, tanto antigas como contemporâneas. O reconhecimento dessas simples ferramentas de poder e sua prática contínua são importantes para o desenvolvimento do Guerreiro interior.

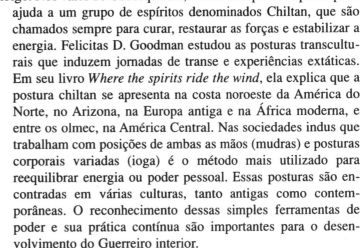

Outras metáforas da natureza e símbolos atribuídos ao Guerreiro são o *céu*, os *quatro ventos*, o *sol*, a *lua* e as *estrelas*. Muitos povos nativos atribuem o caminho do Guerreiro à direção *Norte*, residência do *Pai Céu*, e de todos os *pássaros* e criaturas que possuem asas. O *inverno* é a estação que mais freqüentemente lhe é atribuída entre as sociedades xamânicas do Norte. É a estação de incubação, gestação e consolidação.

Embora o inverno não signifique universalmente gelo e neve, cada hemisfério possui sua própria estação invernal de descanso. Nesse período, muitas sociedades indígenas terminam o que está inacabado. É a estação da reflexão e da contemplação, considerada como a melhor época para a preparação da renovação e da cura proporcionadas pela primavera. Quando somos testados, é importante que abracemos nossos desafios com a dignidade, força e graça "dos que têm asas".

As ferramentas ancestrais de postura, tais como a prática da postura chiltan, ou colocar-se em pé como homens-árvores, ajudam-nos a nos fazer presentes e plenamente visíveis. As modernas técnicas de redução de estresse e de relaxamento também propiciam meios para que nós, habitantes urbanos do Ocidente, possamos nos autocentrar. Plantar árvores, praticar jardinagem, mesmo cultivar plantas em pequenos vasos são maneiras de fazer florescer nossa própria natureza, por meio da ligação com o reino das plantas.

COMO O GUERREIRO/LÍDER LATENTE SE REVELA: OS ASPECTOS SOMBRA DO ARQUÉTIPO DO GUERREIRO, A CRIANÇA FERIDA DO NORTE

Quando não nos encontramos plenamente presentes ou fortalecidos, somos presas do lado sombra do arquétipo do Guerreiro. Se observarmos em nossa existência os temas da rebelião, de nossa autoridade que não se fez valer ou que se projetou sobre os demais e comportamentos de invisibilidade, não teremos reivindicado o Guerreiro ou líder em nossa natureza.

Rebelião

Rebeldes não são apenas revolucionários — podem ser você, eu, o vizinho da casa ao lado — qualquer um que tenha dentro de si a imperiosa necessidade de impor sua marca fazendo as coisas de maneira diferente da norma. Os rebeldes não toleram ser comuns. São quase sempre incapazes de trabalhar dentro das formas e estruturas estabelecidas. Valorizam suas próprias necessidades pessoais e profissionais acima das de todos os outros, independentemente do tempo, lugar ou situação em que estão. Para que os rebeldes se tornem Guerreiros, precisam aprender a honrar e respeitar os limites e determinações dos outros, assumir as responsabilidades pelas ações tomadas ou não, e a reivindicar a liderança de forma a fortalecer as pessoas, em vez de diminuí-las.

O rebelde se identifica em demasia com o ser independente e auto-suficiente. Atrás de todo rebelde existe uma necessidade de espaço. O medo subjacente do rebelde é o medo de sentir-se limitado, restrito ou preso. Os rebeldes que usam sua capacidade de liderança para o ganho pessoal, vêem prejudicada sua capacidade de jogar em equipe e, eventualmente, perdem o respeito alheio. Nos casos extremos, o rebelde transforma-se em narcisista e abandona a efetiva liderança.

Questões de Autoridade

Quando temos uma *questão de autoridade* com alguém, é sinal de que não nos apropriamos completamente do arquétipo do Guerreiro e de que estamos projetando nossa autoridade sobre alguém, em vez de reivindicá-la para nós. As pessoas que têm problemas de autoridade são atraídas por líderes efetivos e tendem a supervalorizá-los ou a competir com eles. Atrás de cada indivíduo que apresenta problemas de autoridade encontra-se uma relutância em reivindicar uma responsabilidade pessoal ou o desejo inconsciente de que outra pessoa seja responsável.

Qualquer problema de autoridade revela um indivíduo que está se comportando como vítima. Por exemplo, quando uma figura de autoridade não corresponde às expectativas idealizadas por alguém, a vítima reagirá com censuras, julgamento e ataque; ou com decepção, retraimento e afastamento. A vítima que se utiliza da censura está começando a reivindicar sua própria autoridade de maneira retorcida, utilizando-se de formas de liderança para atacar e se autojustificar. A vítima que se utiliza do retraimento e afastamento tenta inutilmente adquirir autoridade pessoal.

O que significa ser promovido para uma posição de liderança? Francamente, significa que agora temos autoridade para servir aos outros de maneira especial.

— Anônimo (Van Ekeren, *The speaker's sourcebook*)

Aquele que reivindica autoridade pessoal já não é mais vítima. À medida que reivindicamos nossa autoridade, os caminhos tortuosos de obter poder são interrompidos. Começamos a valorizar a colaboração dos companheiros e honrar os que demonstram capacidades reais de liderança.

Padrões de Invisibilidade

Quase sempre evitamos reivindicar nosso poder pessoal, assumindo *padrões de comportamento de invisibilidade*. Esses padrões caracterizam-se por atitudes de esconder-se ou manter-se por trás de pessoas de poder. Baixa auto-estima e incapacidade de ver corretamente a nós mesmos estão geralmente na maneira como nos escondemos ou nos retraímos. Outra forma de permanecer invisível é exercer influência por trás dos bastidores.

Quando apresentamos essa particular maneira de nos escondermos, tememos nos expor ou sermos vistos plenamente nas áreas em que somos de fato talentosos. Escondermo-nos por trás dos bastidores demonstra dificuldade em revelar qualidades pessoais de liderança e expressão criativa. Isso é muito diferente de estar plenamente por trás dos esforços criativos de alguém com nossos próprios dons e talentos totalmente engajados e não comprometidos de modo algum. Esconder-se atrás de pessoas poderosas revela uma tendência individual de reivindicar poder através de outrem, em vez de utilizar-se diretamente da capacidade pessoal de liderança. Permanecer à luz do poder de outra pessoa nos dá a ilusão de que estamos no gozo de nosso próprio poder, quando não estamos.

Sob todos os padrões de invisibilidade encontra-se o medo de nos expormos e de assumirmos responsabilidades. Esse temor surge de problemas de amor-próprio e afeta nossa capacidade de nos engajarmos totalmente na vida.

Se qualquer um desses aspectos sombra encontra-se altamente desenvolvido, significa que uma capacidade de liderança de igual magnitude está aguardando para ser reivindicada. Coragem e destemor são as chaves para explorar e dar livre acesso a todos os aspectos do arquétipo do Guerreiro; ao atingir a qualidade da coragem, podemos livremente reivindicar a plena liderança. A maior demonstração de coragem é o apelo para a paz. O comanche Yamparika Dez Touros (citado na obra de Nerburn e Mengelkoch, *Native American wisdom*) retrata, nesta prece, o arquétipo do Guerreiro: "Grande Espírito — não desejo que o sangue manche a grama de minhas terras, quero-a totalmente limpa e pura e também é meu desejo que todos os que vierem até meu povo possam encontrá-lo pacífico quando chegarem e deixá-lo pacificamente quando partirem".

Faz parte do caminho do Guerreiro abraçar tanto a força como a fraqueza. Com todas as partes aceitas de nosso ser, as ilusões são mais facilmente desmoronadas. Isso nos torna mais capazes de participar plenamente da vida. Como disse Joana D'Arc, a mística do século XV, "Em nome de Deus! Avancemos com bravura!".

Processos e Lembretes: Práticas Essenciais para o Desenvolvimento do Guerreiro Interior

1. *Dedique ao menos 15 minutos diários à meditação em pé.* Registre sua experiência em seu diário ou comece um novo, especialmente para suas meditações.

Figura em pé. Arte em pedra, Parque Nacional da Floresta Petrificada, Arizona.
Fonte: Mazonowicz, *Voices from the Stone Age* (p. 176)

Meditação em Pé

Alcançando o Guerreiro Interior.
Alcançando as Qualidades da Presença e Autoridade Interiores.

Propósito

O propósito da meditação em pé é reverenciar o tempo sagrado. Tempo dedicado à introspecção, contemplação, descoberta e veneração do sagrado ou divino.

Postura

Mantenha-se em pé, com a cabeça ereta, os braços ao lado do corpo e os pés afastados, numa distância equivalente à largura dos ombros. Seus olhos devem permanecer abertos, suavemente fixos num ponto distante.

Essa postura de meditação é encontrada em práticas orientais, asiáticas, tibetanas e xamânicas. Em algumas práticas ocidentais está incorporada às posições de joelhos e sentada.

Processo

Durante esse tempo e postura sagrados você é capaz de sentir como é manter-se de pé, sozinho. Ter literalmente os dois pés no chão, tomar uma posição firme, ser independente. Na meditação em pé você experimenta o que significa estabelecer limites a partir de um espaço de respeito por si mesmo e auto-estima.

A meditação em pé é uma oportunidade de chegar até sua própria presença, poder pessoal e autoridade, e de experimentar o Guerreiro interior. No Oriente, o Guerreiro é um indivíduo que possui a capacidade de honrar e respeitar a si mesmo e aos outros (como, por exemplo, o demonstram as artes marciais do Aikido e do Tai Chi). Expressar o Guerreiro interior significa estar atento e presente, sem esforço ou repressão. É a capacidade de ter a posse de sua própria presença e poder pessoal sem desistências ou desvios. Na meditação em pé você experimenta o que significa trabalhar a partir de uma postura de respeito: a disposição para "olhar de novo" a si mesmo e aos outros, tendo como base uma posição de força e flexibilidade.

2. *Reserve uma hora diária para estar em contato com a natureza ou ao ar livre, para manter sua saúde e bem-estar.*

3. *Reserve parte de seu tempo para fazer uma sessão de recuperação da alma com o chocalho.* Movimente-o em frente ao corpo, para cima e para baixo em movimentos longos, verticais e horizontais. O chocalho é a imitação que os seres humanos fazem da chuva, de maneira que esse movimento lhes oferece a limpeza e a purificação de sua própria natureza. Depois, mova-o em movimentos bem abertos, do lado direito de seu corpo — isto chamará de volta as partes que se perderam de sua natureza dinâmica. Faça o mesmo em relação ao lado esquerdo, para atrair de volta as partes de sua natureza magnética.

4. *Reserve um momento diário para algum tipo de exercício, trabalho corporal ou movimento.* Muitas culturas indígenas utilizam-se do poder do movimento (tal como nas danças cerimoniais, posturas Chiltan, Yoga, Tai Chi ou outras artes marciais) para despertar o Guerreiro interior. Hoje nós nos utilizamos da aeróbica, da corrida, da natação, da ginástica, da caminhada e de outros tipos de exercícios para nos ajudar a manter o acesso à nossa capacidade de liderança.

5. *Dedique um espaço de tempo de sua vida diária para tomar consciência da maneira que você lida com acontecimentos inesperados ou surpresas.* Todos os dias sucede algo inesperado, mas não precisamos deixar que isso perturbe nosso equilíbrio. À medida que aprendemos a aceitá-los e a lidar com eles, podem nos ensinar a permanecer centrados e flexíveis ao mesmo tempo — uma prática essencial a qualquer líder efetivo.

6. *Dedique um espaço de seu tempo para honrar os ensinamentos de seus animais de poder e seus animais aliados.*

※※※※※※※※※※※※※※

A cor da pele não faz diferença. O que é bom e justo para um, é bom e justo para o outro, e o Grande Espírito criou todos os homens, irmãos.
Tenho a pele vermelha, mas meu avô era um homem branco. Que importa isso? Não é a cor da pele que me torna bom ou mau.

— Escudo Branco, Chefe Arikara (*Native american wisdom*)

Figura saltando o fogo. Arte em pedra. Sefar, Deserto do Saara, Norte da África.
Fonte: Mazonowicz, *Voices from the Stone Age* (p. 159)

SUMÁRIO DO ARQUÉTIPO DO GUERREIRO

O Guerreiro é o arquétipo da liderança. Atingimos nossa capacidade de liderança permanecendo em nossa força, mostrando-nos e optando por estar presentes, honrando, respeitando, sendo responsáveis e confiáveis.

Ferramentas de Poder do Guerreiro

- Sessão com chocalho
- Dança
- Meditação em pé
- Animais de poder e animais aliados
- Relação com a natureza: posturas chiltan

Aspectos Sombra do Guerreiro

- Rebeldia
- Questões de autoridade
- Comportamentos de invisibilidade: esconder-se ou reprimir-se, atuar "por trás dos bastidores", esconder-se por trás de pessoas de poder

O Caminho do Guerreiro — Habilidades da Liderança

- Honrar e respeitar
- Alinhamento entre palavras e ações
- Respeitar limites e determinações
- Ser responsável e disciplinado
- Demonstrar uso correto do poder
- Três "Não" da Liderança

Metáforas da Natureza Atribuídas à Direção Norte

- Pai Céu
- Os quatro ventos
- O Sol, a Lua e as Estrelas
- Pássaros, as Criaturas Aladas
- Homens-árvores

ACIMA: Centro das tabelas quadrangulares: Variações sobre o símbolo da lagarta azul (Xonecuilli). Fonte: Jorge Enciso, *Designs from pre-columbian Mexico* (Nova York, Dover, 1971)

Questões

Pense em suas respostas às questões que se seguem. Para desenvolver o Guerreiro interior. Formule e responda diariamente as de números 1 e 2.

1. *O que é bom, verdadeiro, belo e tão forte em mim quanto o que me sussurra que sou medíocre? (Ou, na linguagem psicológica contemporânea, minha autoconfiança é tão forte quanto minha autocrítica?)* Se for capaz de responder "sim" a essa pergunta, você está pronto para fazer valer sua força ou remédio original, em qualquer situação. Se não puder responder "sim" a esta pergunta, você precisa trabalhar com as ferramentas de fortalecimento descritas neste capítulo.

2. *Em que ponto de minha vida parei de dançar? Em que ponto de minha vida parei de cantar? Em que ponto de minha vida parei de me encantar com as histórias que ouço? Em que ponto de minha vida comecei a sentir desassossego no doce território do silêncio?* Muitos povos indígenas acreditam que quando pararmos de dançar, cantar, sentir encanto por histórias e começarmos a ter dificuldades diante do silêncio, é aí que teremos começado a experimentar a perda de nossa alma ou espírito. Dançando o Guerreiro recupera aquelas partes do eu que se encontram perdidas ou esquecidas. Utilize-se dos cinco ritmos de Roth como ferramentas de recuperação da alma para se autofortalecer.

3. *Quais os líderes e pessoas que corporificaram o "espírito do Guerreiro", que me inspiraram e foram uma fonte de força na história e nos tempos atuais?* As pessoas que o inspiram, assim o fazem porque espelham aspectos de seu próprio Guerreiro interior, fazendo-o lembrar-se de sua própria e inerente capacidade de liderança. Faça uma lista ou colagem visual dessas pessoas para reforçar os dons do Guerreiro que esperam ser trazidos à luz.

4. *Quais foram as pessoas que me agradeceram por minha capacidade de liderança? Quais foram as pessoas que me escolheram para fazer parte de seu time?* Quando você é reconhecido ou escolhido por sua capacidade de liderança, este é o reconhecimento por seu remédio original, seu Guerreiro interior.

5. *Quais foram meus maiores desafios? De que maneira lidei com eles?* Reveja os maiores desafios com os quais você já tenha se defrontado. Em que ponto você começou a encará-los com todo seu poder, em vez de evitá-los ou encolher-se de medo? O arquétipo do Guerreiro nos ensina que quando vamos com nosso pleno poder ao encontro de um desafio, colocamos em ação nossa capacidade de liderança e os talentos que são parte de nós. Quando encaramos os desafios com medo, experimentamos o aspecto sombra do Guerreiro.

6. *Das três forças universais (a força da presença, da comunicação e do posicionamento), quais as que estão desenvolvidas, e quais não?* Quando, em sua vida, você esteve consciente do poder da presença? Quando, em sua vida, você experimentou a efetividade ou sua falta com relação a seu poder de comunicação? Quando, em sua vida, você teve consciência do poder do posicionamento? O que você pode fazer para desenvolver os poderes que acha que estão pouco desenvolvidos?

7. *Que capacidades específicas de liderança possuo? De que maneira, de fato, demonstro essa capacidade em minha família, com relação à minha criatividade, ou em minha vida profissional?*

8. *Quando perdi meu poder? Que tipo particular de pessoa ou situação aumentam minha falta de coragem? Onde e com quem não sou capaz de me apresentar completamente como sou?*

9. *Onde atuo por minha própria conta, sou auto-suficiente, tomo posições firmes e sei o que não suporto?* As situações nas quais você é capaz de fazer tudo isso lhe permitem experimentar sua auto-estima e poder. Sempre que você estiver plenamente visível, e sabendo onde põe os pés, você estará experimentando o que significa estar em seu próprio poder. Trabalhe a prática da meditação em pé como uma forma de entrar em contato com seu verdadeiro eu e de ter a experiência do arquétipo do Guerreiro.

10. *Que partes de mim encontram-se agora em luta entre si? Qual o maior conflito que, de maneira geral, mais se apresenta em minha vida? Onde, em minha vida, crio desentendimentos? Eu digo o que quero dizer? Faço o que digo?* As duas maiores causas de mal-entendidos que conduzem a conflitos são: não dizer o que realmente queremos dizer e não fazer o que dizemos. Dedique alguns momentos durante a meditação em pé para pedir orientação sobre como poderia alinhar suas ações com suas palavras.

11. *Como reajo quando há muito a fazer? Como reajo quando não há nada a fazer?* O líder competente se compromete a manter o equilíbrio pela administração da energia pessoal, tempo e recursos. A arte das cavernas nos revela a importância que era atribuída ao relaxamento e à concentração. As posturas chiltan e os desenhos dos homens-árvores demonstram como os antigos agiam para evitar a sobrecarga nas épocas de muita atividade, e se supriam de conforto nas épocas de inatividade. A natureza era mantida pelos povos antigos como fonte de reabastecimento e renovação. As modernas técnicas de redução de estresse fazem muito isso. Lembre-se dos "três não" da liderança: "Quando houver muito a fazer, não tenha medo; quando nada houver a fazer, não se precipite; não dê opiniões sobre o que é certo e errado. Um líder que consiga ser bem-sucedido nessas coisas não se deixará confundir ou iludir por coisas exteriores".

12. *De que forma tenho dedicado honra e respeito a mim mesmo e aos outros? Tenho consciência de meus limites e determinações? Honro e respeito os limites e determinações alheios?*

13. *Em que aspectos de minha vida considero-me responsável e digno de confiança? Em que aspectos de minha vida sou disciplinado?* Quando não somos responsáveis ou dignos de confiança ficamos sujeitos aos desígnios alheios. Quando não somos disciplinados ou capazes de ser "discípulos de nós mesmos", nos sujeitamos à confusão e ao caos.

14. *Qual é minha ligação com a natureza e com os animais? Passo pelo menos uma hora diária ao ar livre?* A boa saúde e o bem-estar exigem que passemos pelo menos uma hora por dia ao ar livre. Organize seu tempo para fazer isso. *Quais são meus animais preferidos?* Nossos animais preferidos, entre algumas tradições nativas, são conhecidos como nossos animais aliados. Você consegue identificar o seu animal aliado? *Existe algum animal em particular do qual eu sempre tenha gostado ou pelo qual sempre senti uma atração desde a infância?* Algumas tribos indígenas chamam a este o "animal de poder". Você possui um animal de poder?

15. *Dentre os três aspectos sombra do Guerreiro, quais os padrões de invisibilidade que já experimentei? Em que circunstâncias de minha vida: fui um rebelde, tive problemas de autoridade ou passei pela experiência de fazer-me de vítima?* Os aspectos sombra do arquétipo do Guerreiro revelam aspectos da capacidade de liderança que estão esperando por serem reconhecidos. Trabalhe com as ferramentas de poder do Guerreiro descritas neste capítulo para trazer à tona ou liberar o poder que está adormecido em você.

À DIREITA: Gravura de Constance King. Centro: O tema do quádruplo, que representa os grandes círculos da vida e são quase sempre compostos de quatro círculos ou figuras ovais ao redor de um centro comum, como nesta tigela de arte Cucuteni tardia. Cucuteni B2 (Buznca, cerca de Petra Neamt, Moldavia; 3.700-3.500 a.C.). Fonte: Marija Gimbutas, *The language of the goddess* (São Francisco, Harper & Row, 1990, p. 297)

O CAMINHO DO CURADOR

Seja qual for a casa em que eu entre,
Entrarei para curar

— Juramento de Hipócrates

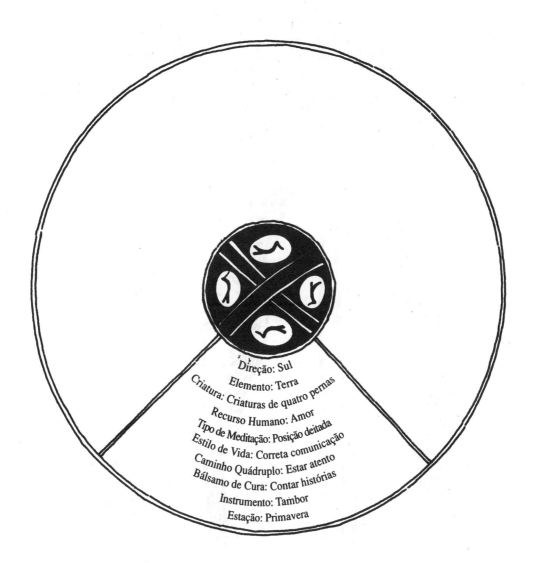

Transculturalmente, existem várias e diferentes perspectivas entre os povos indígenas de cada continente, no que diz respeito aos pontos cardeais e às estações do ano. No entanto, a maioria deles os vê tal como apresentados aqui.

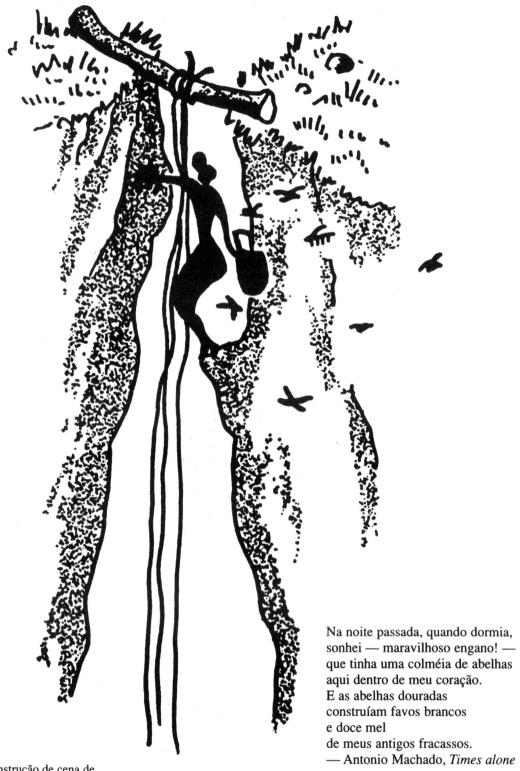

Reconstrução de cena de colheita do mel. Pintura em pedra, Araña, Espanha. Fonte: Douglas Mazonowicz, *Voices from the Stone Age: a search for cave and canyon art* (Nova York, Thomas Y. Crowell, 1974, p. 92)

Na noite passada, quando dormia, sonhei — maravilhoso engano! — que tinha uma colméia de abelhas aqui dentro de meu coração. E as abelhas douradas construíam favos brancos e doce mel de meus antigos fracassos.
— Antonio Machado, *Times alone*

PRESTAR ATENÇÃO AO QUE TEM CORAÇÃO E SIGNIFICADO

O coração é um músculo ocioso. Difere de todos os outros músculos. Quantos movimentos de empurrar e levantar você consegue fazer até que os músculos de seus braços e de seu estômago fiquem tão cansados que você é obrigado a parar? Mas o músculo do coração continuará trabalhando enquanto você viver. Não se cansa porque tem uma fase de descanso embutida em cada batida. Nosso coração físico trabalha com folga. E se falamos de coração num sentido mais amplo, bem no meio dele encontra-se implícito o conceito de descanso como propiciador de vida. Se nunca perdêssemos de vista esse lugar central que o repouso ocupa em nossas vidas, nós nos manteríamos jovens. Visto sob essa luz, o repouso não é um privilégio, mas uma virtude. Não é privilégio de alguns, que podem dar-se ao luxo de tomar um tempo para si, mas a virtude de todos os que se dispõem a dar tempo àquilo que toma tempo — dar o tempo que cada tarefa verdadeiramente requer.

— Irmão David Steindl-Rast, *Gratefulness, the heart of prayer*

ACIMA: Espírito de veado. Fonte: Mazonowicz, *Voices from the Stone Age* (p. 139)

O arquétipo do Curador é uma estrutura mítica universal, que todos os seres humanos têm dentro de si. Entre as culturas indígenas, esse símbolo apóia o princípio de *prestar atenção ao que tem coração e significado*. Os Curadores, nas maiores tradições, reconhecem que o *poder do amor* é a mais poderosa energia de cura de que o ser humano dispõe. O Curador efetivo, em qualquer cultura, é aquele que estende os braços do amor: reconhecimento, aceitação, consideração, valor e gratidão.

As pessoas de todo o mundo sempre demonstram umas às outras seu reconhecimento de quatro maneiras: reconhecemos mutuamente nossos talentos; nossas mútuas qualidades de caráter; nossas aparências recíprocas e o impacto que causamos uns sobre os outros. Quando o reconhecimento que recebemos é mínimo, isto pode nos trazer uma sensação de inadequação ou de pouca auto-estima.

Os Curadores de qualquer tradição são pessoas naturalmente capacitadas na arte de reconhecer. Estão plenamente convencidos de que o maior remorso é o amor que não se manifestou. Provavelmente, o mais poderoso exemplo contemporâneo de alguém que cura através do amor incondicional é Madre Tereza de Calcutá. Nas tradições xamânicas ela seria chamada de mulher de remédio.

As Quatro Câmaras do Coração

Muitas culturas nativas acreditam que o coração é a ponte que liga o Pai Céu à Mãe Terra. Para essas tradições, o *coração de quatro câmaras*, fonte de sustentação de nossa saúde emocional e espiritual, é definido como cheio, aberto, puro e forte. Essas tradições sentem que é importante conferir diariamente as condições desse coração de quatro câmaras, perguntando: "Estou com meu coração cheio, aberto, límpido e forte?".

Quando nosso coração não está cheio, nós nos aproximamos das pessoas e das situações só com metade dele. O sentimento que experimentamos, como se devêssemos fazer algo que não queremos, é o terreno em que germina o coração pela metade. Sentir o coração só pela metade é sinal de que estamos em má posição, e que é hora de sair dessa situação.

Quando nosso coração não está aberto, transformamo-nos em pessoas de coração fechado. Ficar na defensiva, buscar abrigo em nossa própria resistência, proteger-nos contra a possibilidade de sermos feridos são seus sinais. A resposta é abrandar e reabrir o coração.

Quando nosso coração não está límpido, ficamos confusos e carregamos a dúvida dentro dele. É onde devemos parar para esperar. Os estados de ambivalência e indiferença são precursores da confusão e da dúvida. A passagem por qualquer um desses estados é um lembrete para aguardarmos a clareza, em vez de ação.

Quando nosso coração não está forte, falta-nos coragem de ser autênticos ou dizer o que é verdade para nós. Força de coração é ter coragem de ser tudo o que somos em nossas vidas. A palavra "coragem" vem do termo francês *coeur*, que quer dizer coração e, etimologicamente, significa "a capacidade de defender nosso coração ou nossa essência". Quando exibimos coragem, demonstramos o poder recuperador de prestar atenção àquilo que tem coração e significado para nós. Como mostra o poema asteca que se segue, a combinação de coração e sua relação com a autenticidade tem sido tema perene, usado através de todas as épocas.

> Pessoa madura:
> coração tão firme como uma pedra,
> coração tão forte como
> o tronco de uma árvore.
> Nobre face, sábia face;
> Senhor/senhora dessa face
> Senhor/senhora de seu coração.
> Maturidade:
> nobre face, firme coração.

Figura humana dentro do círculo.
Fonte: Jorge Enciso, *Designs from pre-columbian Mexico* (Nova York, Dover, 1971, p. 29)

Os Seis Tipos de Amor Universal

Manter a saúde de nosso coração de quatro câmaras nos permite explorar e nos abrirmos aos seis tipos de amor universal:

1. amor entre companheiros e amantes;
2. amor entre pais e filhos;
3. amor entre colegas e amigos;
4. amor profissional entre mestre e aluno, terapeuta e cliente, e assim por diante;
5. amor por si mesmo;
6. amor incondicional ou espiritual.

Oito Conceitos de Cura

Todos esses tipos de amor são portas para a cura. Quando nos abrimos a eles, nossa capacidade de manter um ponto de vista equilibrado sobre esse assunto aumenta. Jeanne Achterberg, em seu livro *Woman as healer*, nos aponta os seguintes conceitos, que contribuem para o alcance desse equilíbrio:

1. a cura é a jornada de toda uma vida no sentido da inteireza;
2. curar é lembrar o que foi esquecido sobre vínculo, unidade e interdependência, entre tudo que é vivente e não-vivente;
3. curar é abrir os braços ao que é mais temido;
4. curar é abrir o que estava fechado, suavizar o que se endureceu em forma de obstrução;
5. curar é penetrar no momento transcendente, atemporal, em que se experimenta o divino;
6. curar é criatividade, paixão e amor;
7. curar é buscar e expressar o ser em sua plenitude, sua luz e sua sombra, o masculino e o feminino;
8. curar é aprender a confiar na vida.

Quando não desenvolvemos em nós qualquer um desses conceitos, encontramos fechada a porta para o amor e para a saúde.

O Princípio da Reciprocidade

A cura envolve o *princípio da reciprocidade*, a capacidade de igualmente dar e receber, e a capacidade de vincular-se. Os oito conceitos de Achterberg revelam esse princípio em ação. Para mantermos nossa saúde e bem-estar necessitamos manter o equilíbrio entre crescer e receber, e reconhecer quando um dos pólos está mais desenvolvido que o outro.

Muitos povos indígenas considerariam os conceitos de Achterberg como maneiras de que os seres humanos dispõem para estar em correta relação com a Natureza e, portanto, com sua própria natureza. O princípio da reciprocidade monitora o equilíbrio existente entre nossa natureza de amor e de saúde. Octavio Paz, em seu livro *The labirinth of solitude*, coloca isso muito bem:

> O amor é um dos exemplos mais claros desse duplo instinto que nos leva a mergulhar fundo em nosso eu e, ao mesmo tempo, emergir daí para nos descobrirmos no outro: morte e recriação, solidão e comunhão.

O amor consiste nisso, em duas solidões que se protegem, tocam e saúdam uma à outra.

— Rainer Maria Rilke, *Selected poetry*

FERRAMENTAS DE PODER DO CURADOR

As ferramentas que conferem força ao Curador são: os *quatro bálsamos universais para a cura, sessão de jornada e tambor, meditação em posição deitada* e a *de acalentar*.

Os Quatro Bálsamos Universais de Cura

Toda cultura apresenta suas próprias formas de manutenção de saúde e bem-estar. Em todo o mundo, os Curadores reconhecem a importância de manter ou recuperar os quatro bálsamos universais da cura: *contar histórias, o canto, a dança* e *o silêncio*. Nas sociedades xamânicas acredita-se que quando paramos de cantar e dançar, não mais nos sentimos encantados por histórias ou ficamos perturbados com o silêncio, estamos passando pela experiência de perda da alma, que abre as portas ao sofrimento e à doença. O Curador que tem o dom restaura a alma com bálsamos de cura.

Há muito se sabe que esses bálsamos redespertam e dão sustentação à criança divina de nosso interior, fazendo retornar a nós as qualidades da admiração, da esperança, do espanto. Margaret Mead descreve a função natural desses bálsamos em sua obra *Women of faith and spirit* (Warner e Beilenson): "A prece não usa nenhuma energia artificial, não queima nenhum combustível fóssil, não polui. O canto, o amor e a dança também não". Alguns povos nativos se juntam à afirmação de Mead quando dizem: "O Grande Espírito devia gostar muito de histórias, porque fez bastante gente".

Contar Histórias

As culturas nativas transmitem seus valores, sua ética e crenças espirituais por meio da música, das danças, dos silêncios rituais, da oração e de *contar histórias*. Como Peggy Beck e Anna Walters afirmam em seu livro *The sacred*:

> A memória humana é um grande armazém, de cuja capacidade geralmente utilizamos apenas uma fração. Nossos ancestrais sabiam disso e treinavam a memória juntamente com os demais sentidos, para que a história e as tradições do Povo pudessem ser preservadas e transmitidas. Uma das mais importantes tradições orais era contar histórias e preservar as histórias originais.

As recentes pesquisas de Joanne Martin e sua equipe, na Escola de Administração de Empresas de Stanford, tornam claro que as histórias ilustrativas, contadas dentro das organizações, estimulam maior comprometimento entre as pessoas, recebem mais crédito e são mais lembradas que os dados estatísticos que "provam" com fatos o mesmo ponto. Mesmo o pintor impressionista Degas era radical com relação a esse conceito, como nos relata Barbara Shapiro em sua obra *Edgar Degas*: "É muito simples copiar o que você vê, mas é melhor desenhar apenas o que você vê na memória. Aí você reproduz apenas o que o impressionou, ou seja, o essencial...". Esse essencial é a base de todas as histórias que, no fim, traçam os contornos de nossa própria história de vida.

As culturas indígenas reconhecem que contar histórias pode dar novos contornos à experiência ou à história de vida de um indivíduo. Muitos xamãs e pessoas que medicam são talentosos contadores de histórias. São chamados de "deslocadores de contornos" porque são capazes de mudar a forma da história de um indivíduo, ou mesmo de mudar os contornos de sua própria aparência física. Um xamã que possua tal capacidade é considerado como catalisador de cura e agente de mudanças. Atualmente os deslocadores de contornos são talentosas pessoas da área médica, terapeutas, sacerdotes, conselheiros e outros, que dão assistência aos indivíduos nos momentos de transição da vida.

A capacidade de atender a nossa própria história de vida nos permite reabrir o coração e estabelecer a ligação com os outros bálsamos universais de cura. Em troca, isso nos dá acesso ao recurso humano do amor, a mais poderosa força de restabelecimento que existe sobre a face da Mãe Terra.

Sessão de Jornada e o Tambor

Atender à nossa história de vida é uma forma de dar atenção ao que tem coração e significado. O meio que o Curador tem de auscultar o coração é pela

---

Escreve os males que te fizeram sobre a areia, mas escreve as coisas boas que recebeste no mármore. Deixes que se vão todas as emoções de ressentimento e retaliação, que te diminuem, e agarra-te aos sentimentos de gratidão e alegria que te engrandecem.

— Provérbio árabe
(Van Ekeren, *The speaker's sourcebook*)

sessão de jornada, uma prática xamânica utilizada para dar acesso à informação guardada no "eu" divino ou sagrado, e implementada modernamente por Michael Harner e pela Fundação de Estudos Xamânicos. Na sessão de jornada, a tradição xamânica se entrega à sabedoria do coração, praticando a meditação em posição deitada (a seguir), com acompanhamento do tambor, por aproximadamente vinte ou trinta minutos.

Atinge-se um estado natural alterado de consciência por meio da *indução sônica* (batidas rápidas de tambor, geralmente de quatro a sete ciclos por segundo). Se o tambor não for usado sozinho, ou com outros tambores, pode ser também acompanhado de outros instrumentos, tais como chocalho, sino, ressonância de varetas ou ossos, e canto ou salmodia*. Alguns povos indígenas utilizam-se dessa técnica para alcançar uma ligação com a cura e obter orientação espiritual. Quando embarcamos numa jornada como essa, abrimo-nos à possibilidade de remover os bloqueios e obstáculos que nos impedem de receber e dar amor. Esta é a prática para desenvolver um coração cheio, forte, aberto e límpido.

O tambor é a imitação humana das batidas do coração. As sociedades xamânicas utilizam-se dele para facilitar o acesso à cura e sustentar a abertura do coração. Em sua pesquisa, Andrew Neher nos relata que a indução sônica do tambor pode afetar o alinhamento da freqüência cerebral com estímulos auditivos externos, e que esse alinhamento pode reequilibrar o sistema nervoso central.

Na obra de Michael Hart, *Drumming at the edge of magic*, o tamborista nigeriano Babatunde Olantunji descreve a intrínseca capacidade desse instrumento para estabelecer o reequilíbrio do sistema humano: "De onde eu venho, dizemos que o ritmo é a alma da vida, porque todo o universo se movimenta em torno dele, e quando saímos do ritmo é que surgem os problemas. Por esta razão o tambor é o nosso segundo mais importante instrumento, depois da voz humana. É especial".

Melinda Maxfield continua o trabalho de Neher e reforça o saber inato de Olantuji. Em sua pesquisa, descobriu que a percussão em geral, e o ritmo do tambor, em particular, facilitam o ingresso às imagens de conteúdo ritualístico e cerimonial. O trabalho de Maxfield reforça a conclusão de que a sessão de jornada, combinada com a indução sônica do tambor, permite o acesso à psicomitologia — ou trabalho com imagens e memória — na qual cada pessoa, capaz de chegar à cura e à ajuda, transforma a patologia. A combinação de jornada/tambor pode ser uma forma ancestral do que hoje conhecemos como técnica de redução de estresse, bem como uma forma natural de indução a um estado alterado de consciência. (Ver, no Apêndice E, o sumário do trabalho de Maxfield.)

Meditação em Posição Deitada

A *posição deitada* é a postura de maior capacidade de cura que o corpo pode assumir. O organismo associa-a ao descanso e ao alimento que vêm do receber e dar amor. É a postura da rendição e da abertura. A postura deitada assumida na jornada é uma forma de colocar o corpo como "canoa do espírito" para abrir-se à orientação e receber a cura. Isso nos dá oportunidade de analisar as experiências positivas e desafiadoras que precisamos enfrentar. A postura deitada é utilizada em várias e diferentes culturas como a melhor para receber a cura.

Toda jornada é considerada sagrada. O indivíduo é necessário apenas para observar o que é revelado em termos de sentimentos, sensações, lembranças, associações, "visionarizações", sons, cheiros e sensações de vazio. O sagrado é venerado por meio da observação e lembrança do material revelado durante a jornada. Muitas sociedades xamânicas acreditam que, enquanto estamos em nossa

---

É o amor que revela o eterno em nós e em nossos vizinhos.

— Miguel de Unamuno, *Tragic sense of life*

---

* Salmodia — Repetição de sons, em tom monótono, igual, sem variações; cantilena. (N. T.)

> *O despertar religioso que não desperta o adormecido para o amor, desperta-o em vão.*
>
> — Jessamyn West
> (Warner, *Women of faith*)

canoa do espírito, o Grande Espírito, os ancestrais, e nossos animais aliados nos revelam o que é necessário para nossa cura e orientação. Uma prática na jornada consiste em prestar atenção para onde vamos ou o que é revelado. Dessa forma, honramos nossa própria psicomitologia, que traz em si o componente de cura para nossos males.

A psique se compõe de três partes: *logos*, nosso conhecimento inato; *eros*, nossa natureza amorosa; e *mythos*, nosso sonhar acordado, ou mito. Trazer nossa psicomitologia pessoal à tona é o processo de lembrar e recordar a sabedoria e o amor que nos são inerentes e naturais, por meio de nossos sonhos acordados ou mito. Através das imagens e da sessão de jornada a psique fará refletir de volta a orientação ou trabalho de cura de que necessitamos. Os sonhos recorrentes ou imagens prediletas são geralmente os meios de que nossa psique se utiliza para nos mostrar o que é importante em nossa própria natureza. Por exemplo, se sonhamos repetidamente que estamos indo à escola e fazendo exames, esta pode ser uma importante mensagem para que prestemos mais atenção aos repetidos desafios ou testes com que nos defrontamos nas situações comuns de vida.

De acordo com o dr. Brugh Joy, são necessárias, aproximadamente, 13 bilhões de células cerebrais para liberar uma imagem ou lembrança. É importante prestar atenção a por que determinada lembrança, associação ou imagem de sonho se revelam nesse preciso momento. Se desvalorizamos ou não levamos em conta o que se apresenta na sessão de jornada, enfraquecemos a força criativa de nossa própria psicomitologia. A psique humana é incansável na utilização de qualquer símbolo, sentimento, sensação ou lembrança possíveis para nos informar sobre onde nos encontramos em nossa jornada — física, emocional, mental e espiritualmente.

> *Quem quer que consiga enxergar através de todos os medos, sempre estará seguro.*
>
> — Lao Tsé, *Tao Te Ching*
> (Mitchell)

Nas sociedades xamânicas, os símbolos representam as pontes entre a realidade visível e invisível, e são mecanismos psicológicos de energia transformadora. Essas tradições acreditam que nossas próprias estruturas simbólicas contêm revelações divinas. As jornadas são vistas como ferramentas de ensino que possibilitam a cura, o ensino e as visões. Cada pessoa é presenteada com o que é espiritualmente necessário. A jornada pode não incluir nenhuma das experiências antecipadas pelo ego e sua agenda, mas sempre revelará o trabalho espiritual que, de fato, é desejado na inerente psicomitologia do indivíduo. Conseqüentemente, é importante confiar na sabedoria da psique, e simplesmente observar o que é revelado durante a jornada, sem controlar ou dirigir o processo. As tradições xamânicas afirmam que, se nada ocorre durante a sessão, é tempo de espera e integração, e não de agir; ou, num sentido mais literal, é tempo de não fazer nada.

Na tradição xamânica há três mundos que podemos visitar durante uma sessão: o mundo mais alto, o mundo subterrâneo e o mundo do meio. Todas as culturas apresentam mitos de ascendência e descendência. Os mitos de ascendência são, em última análise, histórias de viagens ao *mundo mais alto*, onde se encontram lugares magníficos, importantes mestres e experiências de elevação e expansão. São quase sempre simbolizadas por visitas a jardins, vôos nas asas dos pássaros, ou encontros com pessoas que são significativas para nós. Nesse mundo, recebemos orientações e cura.

Os mitos descendentes são histórias sobre viagens ao *mundo subterrâneo*, onde nossos animais de força e aliados nos fortalecem para enfrentarmos com coragem nossos testes e desafios internos e externos. As viagens ao mundo subterrâneo — aventuras em cavernas, descidas ao fundo dos lagos ou viagens através de túneis — são maneiras pelas quais recuperamos partes perdidas de nós mesmos.

O *mundo do meio* é o que chamamos de realidade — o mundo exterior da riqueza, das finanças, do trabalho, da criatividade e dos relacionamentos. Quando nos surpreendemos retornando ao aposento onde estamos realizando a jornada, nossa própria psicomitologia nos está pedindo para trazer nosso remédio ou poder para nossa própria vida.

Numa só jornada podemos visitar os três mundos ou apenas um deles. Para onde quer que nos dirijamos, no entanto, será sempre aquele o lugar em que encontraremos aquilo de que necessitamos para nos tornar agentes de cura e senhores da transformação em nossas existências.

Sessão de Acalentar

Algumas tradições xamânicas de partes da África e sociedades da Oceania atendem à saúde e ao bem-estar pela *sessão de acalentar*, uma prática composta de quatro partes, para estar em contato com os aspectos do bem, da verdade e da beleza de nossa própria natureza. Nesta técnica, deitamo-nos de costas e colocamos as mãos sobre o coração (em muitas culturas, as mãos simbolizam a cura). Em silêncio, reconhecemos as qualidades de caráter que apreciamos em nós, reconhecemos nossa força, as contribuições que fizemos e continuamos a fazer, e agradecemos pelo amor oferecido e recebido.

Nessas sociedades, essa prática é geralmente levada a efeito três vezes ao dia: uma no período suave do dia, pela manhã; outra no período forte do dia, à tarde; e uma no período sutil, à noite. A sessão de acalentar e os diferentes períodos do dia nos recordam que somos criaturas suaves, fortes e sutis. Atualmente, esse tipo de sessão de cura é chamado de trabalho de visualização criativa, de afirmação ou de auto-estima.

A sessão de acalentar e a sessão de jornada, como vimos, são formas de meditação em posição deitada. Essas formas de meditação são encontradas em várias tradições espirituais e são usadas para se obter acesso ao amor. É a melhor postura para abraçar e transformar as questões relativas ao medo, raiva e controle. É também utilizada para reabrirmos o eu para os vários braços do amor e para reequilibrar as quatro câmaras do coração.

A RELAÇÃO DO CURADOR COM A NATUREZA

Os povos nativos reconhecem que a ferramenta mais fortalecedora e de cura de que dispomos é nossa ligação com a natureza e com o mundo natural. Muitas culturas indígenas referem-se às árvores como "pessoas de remédio do reino das plantas", e as sociedades xamânicas ficam perturbadas quando grandes quantidades de árvores são demolidas e não replantadas. Os povos indígenas reconhecem que as árvores são essenciais à sobrevivência de todas as criaturas viventes, e assim as consideram como possuidoras do grande remédio. Transculturalmente, plantam-se árvores nos nascimentos, casamentos, falecimentos e começos importantes.

Em muitas culturas, as árvores simbolizam a transformação, por sua capacidade de mudar, de estação para estação. As tribos bantus da África têm uma cerimônia de primavera em que oferecem seus ferimentos pessoais e traumáticos a uma árvore, com objetivo de cura, com a intenção de nunca mais falar em voz alta sobre essa dor. Nas sociedades pré-históricas da Europa, a arte das cavernas revelam o mesmo ritual, que é expresso pelo desenho da mão-árvore.

Tudo o que é necessário para tornar este mundo um lugar melhor para viver é amar — amar como Cristo amou, como Buda amou.

— Isadora Duncan (Warner, *Women of faith*)

Com um coração intrépido, um rato levanta um elefante.

— Provérbio tibetano (Feldman, *A world treasury*)

Os povos nativos do mundo inteiro reconhecem a relação entre natureza e cura. Santa Hildegarde de Bingen, mística do século XII, descreveu a necessidade desse relacionamento interligado (in: Fox, *Original blessing*): "Toda a natureza encontra-se à disposição da humanidade. Temos que trabalhar com ela, porque sem ela não podemos sobreviver". E um poema de autor anônimo diz:

> Árvore antiga apossou-se
> De velha e profunda ferida, reaberta
> Cura intemporal se aproxima.

ESQUERDA: Figura com folhas. Pintura em pedra. Sefar, Tassili, Deserto do Saara, Norte da África.
DIREITA: Mão segurando árvore. Arte dos Canyons. Barrier Canyon, Utah.
Fonte: Mazonowicz, *Voices from the Stone Age* (pp. 136, 181)

Outras metáforas e símbolos naturais atribuídos ao caminho do Curador incluem a Mãe Natureza em sua totalidade. Entre muitas tradições xamânicas, a direção do Sul é associada com a Mãe Natureza, o reino das plantas, o reino mineral, e todas as *criaturas de quatro pernas*. Essa direção, na roda medicinal, é aquela para a qual os povos nativos se voltam em busca das pessoas, rituais e cerimônias necessários à sessão de cura.

O Sul é freqüentemente associado à primavera; assim, direção e estação são vistos como espaços de renovação, regeneração e manutenção da saúde para vários grupos indígenas. É esta a direção da manutenção da saúde do coração de quatro câmaras, lembrando-nos do poder de cura que se encontra nos tipos universais de amor, e que conduzem a uma visão equilibrada de saúde. Nessa direção podemos curar nossos ferimentos e liberar os recursos humanos que se encontram aprisionados dentro dos aspectos sombra do arquétipo da cura.

COMO O CURADOR/LÍDER LATENTE SE REVELA: OS ASPECTOS SOMBRA DO ARQUÉTIPO DO CURADOR, A CRIANÇA FERIDA DO SUL

Experimentamos o lado sombra do Xamã quando não cuidamos de nossa própria saúde e bem-estar. Cuidar de nossa própria saúde exige de nós um compromisso em relação aos padrões afirmativos de vida. Quando esses padrões não se fazem consistentemente presentes, o lado sombra do arquétipo se revela na criança ferida do Sul, que exibe padrões de comportamento de carência e retraimento, e se amplia na figura do *mártir*. O arquétipo do Curador pode trazer consigo o aspecto sombra, que revela nossa própria natureza de dependência e de padrões de negação da vida. Muitas vezes nos referimos a esses padrões como *dependências*. Sob toda forma de dependência pode encontrar-se uma pessoa que é um mártir indulgente, não determinado a lutar por sua própria saúde e bem-estar. O reforço dos padrões de negação de vida abre as portas para a doença e o sofrimento.

Quatro Formas Universais de Dependência

Talvez o que classificamos como formas de dependência, tais como álcool, drogas, sexo, sejam na verdade sintomas de um padrão mais profundo de dependência do qual compartilhamos enquanto espécies. Olhando a dependência sob uma perspectiva transcultural, descobri que isso é verdadeiro e que existem quatro padrões básicos de dependência, que todos os seres humanos compartilham:

1. Dependência de intensidade. O recurso humano não aplicado é a expressão do amor.
2. Dependência da perfeição. O recurso humano não aplicado é a expressão da excelência e do correto uso do poder.
3. Dependência da necessidade de saber. O recurso humano não aplicado é a expressão da sabedoria.
4. Dependência de apegar-se ao que não dá resultados, em vez de dedicar-se àquilo que dá. O recurso humano não aplicado é a expressão da "visionarização" e da visão do todo.

A *dependência de intensidade* quase sempre ocorre em indivíduos que apresentam baixa tolerância ao tédio. Quando as coisas se tornam muito lentas ou rotineiras, as pessoas dependentes de intensidade dramatizam, vão em busca do sensacionalismo, exageram sua experiência de vida para sentir que existem. Muitas delas se encaminham para as drogas, álcool e sexo com o fim de intensificar suas experiências e criar a ilusão de mais vitalidade e vida. A intensidade é o aspecto sombra do amor. Quando corretamente desenvolvida, o que aguarda para ser aplicado é o recurso humano do amor e o apaixonado coração de quatro câmaras.

A segunda dependência é a da *perfeição*. Algumas sociedades indígenas vêm claramente a diferença entre perfeição e sabedoria. A primeira não tolera o erro, enquanto a segunda os incorpora e aprende com eles. Os dependentes de perfeição possuem baixa tolerância em relação a falhas, e à exposição de vulnerabilidade de qualquer tipo. Igualam vulnerabilidade com fraqueza. Contrariamente a este ponto de vista, as sociedades indígenas vêm na vulnerabilidade uma expressão de força. Entendem naturalmente que a vulnerabilidade nasce do eu autêntico. Sempre que nos encontramos dependentes de perfeição começamos a caminhar na procissão dos mortos-vivos, ou nos transformamos em manequins ambulantes. Negamos nossa humanidade e investimos toda nossa energia para manter uma imagem cultivada ou fachada que mostra como queremos ser vistos, em vez de nos expor como somos. A perfeição é o lado sombra da sabedoria e do uso correto do poder. Embora a dependência esteja bem desenvolvida, o que aguarda no outro lado para ser aplicado é o recurso humano do poder e a excelente capacidade de liderança.

Diz-me quem amas e eu te direi quem és.

— Provérbio afro-americano (Feldman, *A world treasury*)

A *dependência da necessidade de saber* é a terceira dependência compartilhada por toda a espécie humana. É importante informar-se e saber; no entanto, nos casos de dependência, a pessoa é levada compulsivamente pela necessidade de saber ou de compreender. Essas pessoas não apreciam surpresas ou acontecimentos inesperados. Quando nos encontramos dependentes da necessidade de saber, tornamo-nos mestres em controlar e temos grandes problemas com relação a confiar. Tudo tem de ser restringido a compartimentos, as informações têm de ser controladas, e os relacionamentos, objeto de toda uma estratégia. Tornamo-nos dogmáticos, rígidos, críticos e arrogantes. Essas características compõem o lado sombra da sabedoria. Se a dependência está bem desenvolvida, o recurso humano da sabedoria aguarda ser aplicado. A sabedoria engloba as características de objetividade, clareza e discernimento.

A *dependência de apegar-se ao que não dá resultados*, em vez de dedicar-se àquilo que os traz, é a quarta forma de dependência. A verdade é que a maior parte de nossa vida, quando a olhamos como um todo, apresenta bons resultados. Apenas uma parte de nossa vida não apresenta bons resultados, mas não seu todo. Se a dependência está exacerbada, existe a tendência de ampliar as experiências negativas, dando-lhes uma proporção desmedida. Tendemos a encarar a vida sob um prisma fixo, não reconhecemos nossos pontos cegos e somos incapazes de confiar em informações intuitivas. Essa dependência é o lado sombra das quatro formas de ver: intuição, discernimento, percepção e visionarização. As quatro formas de ver nos permitem o amplo desenvolvimento do dom da visionarização e liberam a dependência de apegar-se ao que não dá resultados. Quando esta dependência se liberta completamente, começamos a ver as bênçãos, dons, talentos e recursos de que dispomos em nossas vidas.

É melhor prevenir do que remediar.
— Provérbio peruano
(Feldman, *A world treasury*)

Os Oito Princípios Universais da Cura

Os oito princípios da cura, utilizados pela maior parte das culturas, dão sustentação à saúde e ao bem-estar. Quando não atendemos plenamente a esses princípios, encontramo-nos no lado sombra do arquétipo do Curador. Analise a tabela a seguir e verifique por si mesmo em que aspectos você está dando suporte à sua saúde e bem-estar, e em que está se descuidando dessas questões:

O reequilíbrio das áreas que não estão oferecendo suporte à nossa saúde e bem-estar permite-nos dar ampla realização a nosso Curador interior.

PROPICIAM SAÚDE E BEM-ESTAR	NÃO PROPICIAM SAÚDE E BEM-ESTAR
1. Dieta balanceada	1. Dieta não-desbalanceada
2. Exercícios diários e semanais	2. Falta de exercício
3. Tempo reservado a brincadeiras, lazer e riso	3. Mau humor, falta de divertimento e de brincadeiras
4. Música, sons e cantos	4. Ausência de música, de sons e cantos
5. Amor, toque e sistemas de apoio	5. Falta de amor, de toque e de sistemas de apoio
6. Engajar-se em programas de interesse, *hobbies* e atividades criativas	6. Falta de interesses, *hobbies* e atividades criativas
7. Natureza, beleza e ambientes saudáveis	7. Distanciamento da natureza, da beleza e de ambientes saudáveis
8. Fé e crença na espiritualidade	8. Falta de fé e de crença na espiritualidade

Processos e Lembretes: Práticas Essenciais para o Desenvolvimento do Curador Interior

1. *Dedique ao menos quinze minutos por dia para a prática da meditação em posição deitada.* Registre sua experiência em seu diário ou comece um novo, especialmente para meditações.

Meditação em Posição Deitada

Acesso ao Curador Interior.
Acesso à Qualidade do Amor e da Renovação.

Figura reclinada. Pintura em pedra, Sefar, Tassili, Deserto do Saara, Norte da África. Fonte: Mazonowicz, *Voices from the Stone Age* (p. 137)

Propósito

O propósito da meditação em posição deitada é reverenciar o tempo sagrado. Tempo dedicado à introspecção, contemplação, descoberta e veneração do sagrado ou divino.

Postura

Deite-se no chão, de olhos abertos e delicadamente focalizados num ponto distante. Com os braços ao longo do corpo, mantenha um dos antebraços perpendicular ao chão, dobrado na altura do cotovelo. Tendo um dos braços levantados você não adormecerá, pois se o fizer sua mão cairá ao chão ou sobre seu corpo.

Processo

Neste tempo e postura sagrados, você pode escolher conscientemente entre curar a si mesmo ou aos outros. Pode entrar em contato com sua energia interior de cura, de alento, de amor e de atendimento, pedindo por orientação e ajuda divinas para a cura das partes feridas de sua natureza.

Esta postura é a que mais se associa à plenitude e à experiência humana direta do amor humano e divino. É a postura que todos os seres humanos, universalmente, usam para descansar, dormir e sonhar. Utilizada conscientemente, pode constituir-se um meio para fortalecer nossa auto-estima e para nutrir a si mesmo, na mesma proporção que nutrimos aos demais.

Quando o coração repousa, vê festa em tudo.

— Provérbio hindi, Índia Asiática (Feldman, *A world treasury*)

2. *Reserve de cinco a dez minutos para a sessão de acalentar como forma de confirmar e aumentar a auto-estima.* A sessão xamânica de acalentar é uma prática quádrupla que honra seu eu maior, e lembra-o da rede que ampara e une todos os seres.

Deite-se na postura do Curador interior: mão direita sobre o coração e esquerda sobre a direita.

Depois, agradeça:
por suas forças e talentos;
as qualidades de caráter que aprecia em si mesmo;
as contribuições que tem feito e faz;
pelo amor oferecido e pelo amor recebido.

3. *Identifique sua dor — uma história que você sempre conta, ligada a algum acontecimento traumático que lhe aconteceu.* Ofereça essa dor a uma árvore em especial, e nunca mais volte a falar sobre ela. Algumas culturas indígenas se utilizam dessa prática como forma de firmar um compromisso para curar suas partes feridas.

4. *Pelo menos uma vez por mês faça uma sessão de jornada com tambor.* Use a gravação em fita, de Michael Harner ou do *I Ching* (para maiores informações, consulte a bibliografia ao final deste livro), ou peça a alguém que bata o tambor para você.

5. *Reserve um momento diário para conferir as condições das quatro câmaras de seu coração.* Você tem estado atento ao que tem coração e significado para você? Ou seu coração está sufocado de "eu queria..."?

Xamã, pintura dos canyons, Sudeste de Utah.
Fonte: Mazonowicz, *Voices from the Stone Age* (p. 197)

Oração do Curador

Ouve, sonho meu!
Isto, tu me disseste que deveria ser feito.
Esta, me indicaste, deveria ser a maneira.
Afirmaste que isto curaria os enfermos.
Agora, ajuda-me.
Não me enganes.
Ajuda-me, Ser Solar.
Ajuda-me a curar este homem enfermo.

— Blackfeet (in: Bierhorst,
The sacred path)

Sumário do Arquétipo do Curador

O arquétipo do Curador pede que estejamos atentos a tudo o que tem coração e significado. Desenvolvemos nosso Curador interior quando atendemos às condições e ao bem-estar do coração de quatro câmaras; quando respeitamos e estendemos os braços ao amor por nós mesmos e pelos demais; e quando mantemos um ponto de vista equilibrado com relação à saúde.

Coração de Quatro Câmaras

- Coração pleno
- Coração aberto
- Coração límpido
- Coração forte

O coração de quatro câmaras nos permite experimentar os seis tipos de amor universal

- Amor entre companheiros e amantes
- Amor entre pais e filhos
- Amor entre amigos e colegas
- Amor através de laços profissionais: mestres/estudantes; terapeutas/clientes etc.
- Amor por si mesmo
- Amor incondicional ou espiritual

Quatro Categorias Universais de Reconhecimento Humano

- Habilidades
- Caráter
- Aparência
- Impacto que causamos sobre o outro

Os Braços do Amor

- Reconhecimento
- Gratidão
- Valor
- Aceitação
- Consideração

QUATRO BÁLSAMOS DE CURA: CONTAR HISTÓRIAS, CANTAR, DANÇAR E FAZER SILÊNCIO

Quatro Formas de Dependência e Qualidades Humanas à Espera de Serem Trabalhadas

- Dependência de intensidade (recurso humano: amor)
- Dependência de perfeição (recurso humano: poder e respeito)
- Dependência de saber (recurso humano: sabedoria)
- Dependência de apegar-se ao que não dá resultados (recurso humano: visão)

Sessão de Acalentar

- Agradecer por suas forças
- Agradecer pelas qualidades que aprecia em si
- Agradecer pelas contribuições que faz e que fez
- Agradecer pelo amor que ofereceu e recebeu, e pelo amor que está oferecendo e recebendo

ACIMA: Centro das tabelas quadrangulares: Variações sobre o símbolo da lagarta azul (Xonecuilli). Fonte: Jorge Enciso, *Designs from pre-columbian Mexico* (Nova York, Dover, 1971)

Questões

Pense em suas respostas às questões que se seguem. Para desenvolver o Curador interior, formule e responda diariamente à de número 10.

1. *Quais são meus contos infantis preferidos? Quais são as histórias de minha infância que conto aos outros?*

2. *Que histórias conto a meu respeito quando faço novos relacionamentos?* Quais são minhas histórias espirituais, familiares e de amor preferidos?

3. *O que sei sobre o amor? Quais foram as pessoas que se tornaram mestres de meu coração?* Faça um quadro-colagem com os mestres preferidos de seu coração, ou escreva-lhes cartas de agradecimento.

4. *Que bloqueios e obstáculos se antepõem às minhas manifestações de amor? Que bloqueios ou obstáculos se antepõem à minha capacidade de receber amor?*

5. *Onde e com quem sinto que o amor que ofereço tem receptividade? Quem é o catalisador de cura de minha existência?*

6. *Das quatro formas universais de reconhecimento, quais as que sempre tenho recebido? Quais as que quase nunca recebo?* (Veja a tabela do Sumário.)

7. *Das quatro formas de dependência, com qual me identifico melhor, e qual a que mais desenvolvi em mim?* (Veja a tabela do Sumário.)

8. *Reveja o equilíbrio do ponto de vista sobre a cura de Jeanne Achterberg. Quais desses conceitos ou pontos de vista não se encaixam plenamente, ou não são levados em conta dentro de meu próprio conceito de cura? Como posso incorporar esses pontos de vista à minha vida diária?*

9. *Dos oito conceitos universais de manutenção da saúde e do bem-estar, quais os que mais sobressaem e quais os que menos sobressaem em minha natureza?* Use o resto do ano para pôr os oito em equilíbrio.

10. *Quais as condições de meu coração de quatro câmaras? Quando meu coração é mais pleno? Quando é mais límpido? Quando é mais aberto? Quando é mais forte?*

ODE A MEU PAI
CURANDO O CRÍTICO

Quando acordo de manhã,
tanto pode ser o dia seguinte
a muitos, muitos outros,
ou ser justamente o primeiro.
Quando é o dia seguinte,
depois de muitos, muitos outros,
sei que chegou o tempo
de eu atravessar a porta
para dar uma olhada nessa escura parte de mim
que está chamando.
E tocar esse espaço de boa vontade
para olhar de novo.
Sei que é chegado o tempo
de atravessar a porta
para dar uma olhada nesse crítico interior,
que só deseja que eu escute
o que é necessário ouvir
para que então eu consiga curar
e trazer essa minha parte
de volta a mim.
Quando acordo de manhã
ou é apenas o dia seguinte,
depois de muitos, muitos outros
ou é justamente o primeiro.
Hoje, é o primeiro dia
do que existe agora.

– Twainhart Hill

AO LADO: Gravura de Constance King. Centro: O tema do quádruplo, que representa os grandes círculos da vida e são quase sempre compostos de quatro círculos ou figuras ovais ao redor de um centro comum, como nesta tigela de arte Cucuteni tardia. Cucuteni B2 (Buznca, cerca de Petra Neamt, Moldavia; 3.700-3.500 a.C.). Fonte: Marija Gimbutas, *The language of the goddess* (São Francisco, Harper & Row, 1990, p. 297)

O CAMINHO DO VISIONÁRIO

*Uma das primeiras coisas que os bebês fazem é cantar para eles mesmos.
As pessoas fazem isso espontaneamente — um uso diferente da voz.
Por "música" não devemos limitar-nos ao conceito de letra e melodia,
mas devemos entendê-la como voz enquanto voz,
que é a deusa sânscrita VAK — deusa da fala, da música, da linguagem e da inteligência.
A voz, em si, é uma manifestação de nosso eu interior.*

— Gary Snyder, *The real work*

Direção: Leste
Elemento: Fogo
Criatura: Criaturas do deserto e Criaturas sem penas
Recurso Humano: Visões
Tipo de Meditação: Caminhando
Estilo de Vida: Correto posicionamento
Caminho Quádruplo: Dizer a verdade
Bálsamo de Cura: Canto
Instrumento: Sino
Estação: Verão

Transculturalmente, existem várias e diferentes perspectivas entre os povos indígenas de cada continente no que diz respeito aos pontos cardeais e às estações do ano. No entanto, a maioria os vê como os aqui apresentados.

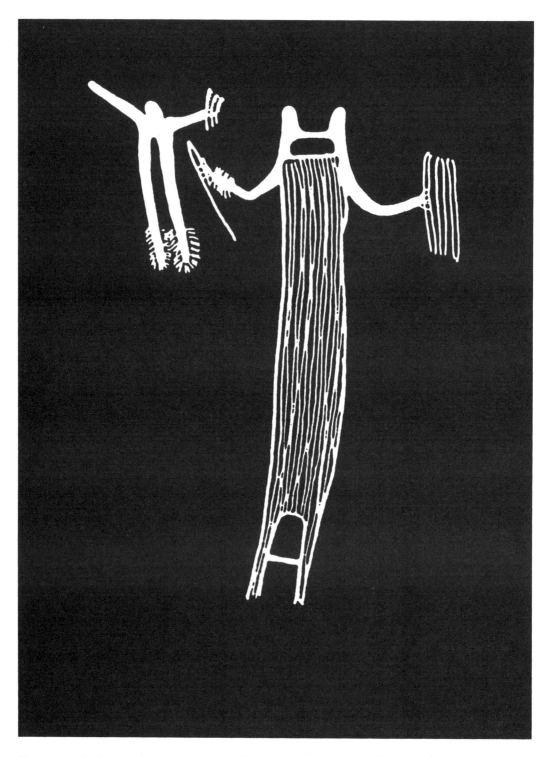

Figura pintada. Arte dos canyons. Baixo Rio Pecos, Utah (foto de Alan Gingritch). Fonte: Douglas Mazonowicz, *Voices from the Stone Age: a search for cave and canyon art* (Nova York, Thomas Y. Crowell, 1974, p. 179)

Dizer a verdade, sem culpar nem julgar

Quando seguimos o caminho do Visionário somos capazes de tornar a verdade visível. Entre as sociedades indígenas os visionários podem ser xamãs ou artesãos; mas, o que é mais importante, esses grupos sociais encorajam todos os seus membros a dizer e expressar a verdade.

O princípio que guia o Visionário é *dizer a verdade, sem acusar nem julgar*. Quando expressamos o Visionário interior, conhecemos e compartilhamos nossos *objetivos criativos* e *nossos sonhos de vida*, agimos a partir de nosso *eu autêntico*, somos sinceros e honramos as quatro maneiras de ver.

Objetivos Criativos e Sonhos de Vida

Todas as culturas respeitam a importância da visionarização e seu poder de magnetizar, ou dar abertura ao espírito criativo. O arquétipo do Visionário já se tornou conhecido de todos nós como algo que, em silêncio, mas sem descanso, não nos deixa esquecer de nosso sonho ou propósito de vida.

Como já assinalamos no caminho do Guerreiro, muitas culturas nativas americanas cultivam a crença de que cada indivíduo é um remédio original, único no planeta; portanto, é importante trazer para a terra o espírito criativo, o sonho ou o propósito de vida de cada um. A omissão impede que a saúde alcance nossa vida familiar ou profissional. Nossa missão é dar plena expansão aos nossos dons, talentos e recursos, e enfrentar os testes e desafios. Gandhi reconheceu essa simples verdade quando afirmou: "Minha vida é minha mensagem".

Autenticidade

Quando nos lembramos de quem somos, damos vazão à nossa autenticidade. Muitas vezes, no entanto, somos forçados, em tenra idade, a esconder nosso eu verdadeiro para sobreviver. A partir de determinado ponto, esse esconder-se torna-se desnecessário, embora achemos difícil quebrar o hábito. Diariamente fazemos novas opções apoiados no eu autêntico ou no falso.

Entre algumas culturas americanas, o termo Arco Sagrado é sinônimo de autenticidade, ou de estar ligado à própria espiritualidade. Esses povos afirmam que, sempre que somos nós mesmos, estamos "em nosso Arco Sagrado"; e quando voltamos ao que somos, "nos sentamos dentro de nosso Arco Sagrado".

Ed McGaa, Homem Águia entre os índios Sioux Oglala, nos fala em seu *Rainbow tribe* sobre o poder da cerimônia e do retorno ao eu: "O Grande Mistério é obviamente a Verdade. A proximidade que uma pessoa pode atingir em relação à Harmonia do Criador decidirá o alcance de poder de uma cerimônia".

A maioria das tradições espirituais se refere a dois padrões que podem nos arrancar de nosso Arco Sagrado, de nossa verdadeira natureza. O psiquiatra Roger Walsh, em seu livro *Staying alive*, descreve-os como *padrões de negação*

Se não és bom para ti mesmo, como poderás ser bom para os outros?

— Provérbio espanhol
(Feldman, *A world treasury*)

ACIMA: Pequeno olho. Olho de Deusa. Cultura Almeria-Los Millares, Assentamento de Almizaraque, Almeria, Espanha; primeira metade do terceiro milênio a.C. Fonte: Marija Gimbutas, *The language of the goddess* (São Francisco, Harper & Row, 1990, p. 54)

> *... Eu estava vendo, de uma maneira sagrada, os contornos de todas as coisas em espírito, e a forma de todas as formas tal como devem viver, em conjunto, como um só ser. E vi que o arco sagrado de meu povo era um dentre muitos, que compunham um círculo, amplo como a luz do dia e das estrelas, e no seu centro crescia uma árvore muito, muito florida, para abrigar todos os filhos de uma mãe e de um pai.*
>
> — Alce Negro (Neihardt, *Black elk speaks*)

e *padrões de indulgência*. Todo ser humano, independentemente de seu condicionamento cultural e familiar, em algum momento, passa por essa experiência.

Expressamos negação em nossas vidas quando evitamos determinadas pessoas ou problemas, e quando vemos as coisas apenas como queremos que elas sejam, em vez de aceitá-las como são. Sob cada padrão de negação esconde-se o medo que temos de não sermos capazes de lidar com os conflitos, e uma profunda e humana necessidade de manter paz, equilíbrio e harmonia a todo custo. Na negação profunda, abandonaremos a nós mesmos para mantermos a paz, em vez de manifestar diretamente nossos sentimentos.

Expressamos indulgência quando dramatizamos ou buscamos sensacionalismo para nossas experiências. Quase sempre exageramos uma situação ou um problema para chamar atenção. Sob esse padrão esconde-se uma grande necessidade de sermos aceitos e aprovados, que é comandada tanto pelo medo de não ser visto como pelo medo de ser visto. As pessoas que fazem cenas têm ataques de raiva ou aumentam desproporcionalmente as coisas; na verdade, têm uma grande necessidade de serem aceitas. Porque sentem pavor de seu próprio sentimento de insegurança ou vulnerabilidade, utilizam-se do exagero como forma de escondê-los.

É o Visionário quem sabe dissolver as polaridades e paradoxos que se encontram nos padrões de negação e indulgência. O poeta persa Rumi, que viveu no século XIII (na tradução de Barks de *Open secret*), descreve esse processo:

> Muito além dos conceitos de malfazer e bem-fazer
> existe um campo,
> Lá te encontrarei.

Podemos liberar a criatividade que existe em cada um de nós, se deixarmos de lado os conceitos de certo e errado. Quando nos encontramos aptos a responder "sim" à pergunta: "Minha autovalorização é tão forte quanto minha autocrítica?", estamos também aptos para colocar nossa expressão criativa além dos padrões de negação ou indulgência. Rumi sugere que o campo da criatividade ilimitada está sempre disponível quando nos mantemos vinculados à nossa autenticidade.

Dizer a Verdade

A forma que o Visionário tem de conservar a autenticidade e permanecer dentro do Arco Sagrado é dizer a verdade sem acusar nem julgar. *Dizer a verdade* é um valor universal que destrói os padrões de negação e indulgência. Leslie Gray, que pertence à linhagem dos Oneida, Powattan e Seminole, e que une as disciplinas de Estudos de Etnias Nativas e psicologia afirma que, em certas culturas nativas, o falar a verdade é denominado "falar com a língua do espírito". William Schutz, em *The truth option*, nos diz que a comunicação da verdade contribui para o enriquecimento interpessoal. Para nos apresentarmos em plenitude, uns frente aos outros, "e para chegar às relações humanas mais satisfatórias, devemos ser conscientes e honestos".

Dizer a verdade, sem críticas ou julgamentos, é a capacidade de expressar as coisas como elas são. Os exemplos que se seguem mostram como podemos fazê-lo sem abdicar de nossas idéias ou sentimentos. Nenhuma sentença apresenta crítica ou julgamento, e todas refletem maneiras de se expressar "com a língua do espírito":

> "Estou com ciúmes e com medo de perder você."
>
> "Estou me sentindo tão crítico, tão juiz, neste momento, que não confio no que vou dizer."

> *Porque, os que não sabem chorar também não sabem sorrir.*
>
> — Golda Meir (Van Ekeren, *The speaker's sourcebook*)

> *... sede insaciável pela verdade que desejo para mim.*
>
> — Miguel de Unamuno, *Tragic sense of life*

"Estou desapontado com essa situação porque esperava demais dela."

"Estou me sentindo inseguro neste momento, e preciso de seu apoio."

"Estou com tanta raiva e tão irritado agora, que preciso de um tempo."

"Não sei em que nossas posições se assemelham."

"Esse estilo de comunicação não funciona para mim."

"Estou bastante contente com este novo emprego, mas preciso de maior esclarecimento sobre essas tarefas."

A comunicação que se faz marcar pela integridade sempre leva em consideração o tempo e o contexto antes de liberar o conteúdo. Muitas vezes sabemos exatamente o que queremos dizer, mas não levamos em consideração se é o devido tempo ou o devido lugar para expressar o conteúdo da comunicação. A comunicação direta — declarar o que vemos, sem culpar nem julgar — significa que devemos considerar o alinhamento entre a escolha das palavras apropriadas, o tom de voz e a postura corporal.

As Quatro Formas de Ver

É importante honrar as *quatro formas de ver*: *intuição, percepção, discernimento* e *visão*. Muitas culturas indígenas reconhecem que a intuição é a fonte de cuja centelha se origina a visão exterior (percepção), interior (discernimento) e holística (visão). Para essas sociedades, a atenção que se dá a essas formas de ver é uma maneira de honrar o sagrado. Respeitamos nossos processos de visionarização quando damos voz ao que vemos ou sentimos. O arquétipo do Visionário nos impele a trazer ao mundo nossa voz e nossa criatividade.

O recurso humano da visionarização (o arquétipo interior do Visionário) abre o espírito criativo e impulsiona nossa voz e nossa autenticidade para o mundo. Em seu livro *The courage to create*, o psicanalista Rollo May confirma o que as tradições xamânicas vêm praticando há séculos: "Se você não dá expressão às suas próprias idéias, se não dá ouvidos a seu próprio ser, você trai a si mesmo".

> *O homem não é um ser que tem a postura ereta, o homem é um ser em processo de transformação. Quanto mais ele se capacita a si mesmo a vir a ser, mais ele dá cumprimento à sua verdadeira missão.*
>
> — Rudolph Steiner
> (Van Ekeren, *The speaker's sourcebook*)

O arquétipo do Visionário — a incansável força interior que constantemente nos convida a ser quem somos — requer a expressão da autenticidade, da visão e da criatividade. A escritora Gertrude Stein atingiu esse arquétipo quando, sobressaindo-se dentre os escritores de sua época, escreveu: "Você tem de saber o que quer atingir. Mas quando souber, deixe-se possuir por esse conhecimento. E se ele parecer desviá-lo de seu rumo, não se detenha, porque lá talvez seja aonde, instintivamente, você deseja estar. E se você se detiver e tentar ficar sempre no mesmo lugar, você irá murchar" (Fritz, *The path of least resistance*).

FERRAMENTAS DE PODER DO VISIONÁRIO

As ferramentas de poder do Visionário incluem: *canto, trabalho com sino, meditação, contemplação, prece* e *buscas para obter visões*.

Canto: Canções de Poder

*Não canto porque sou feliz;
sou feliz porque canto.*
— William James
(Van Ekeren, *The speaker's sourcebook*)

Todas as culturas trazem sua voz ao mundo por meio do bálsamo de cura que é o canto. Por meio da música, do canto, e do contar histórias, as sociedades nativas praticam a permanência dentro de seus Arcos Sagrados. Algumas tradições afirmam que uma das formas de manter-se ligado ao Grande Espírito é "cantar pela sua vida". Na África diz-se que "se você pode falar, você pode cantar; se você pode andar, você pode dançar". Os grupos sociais da Oceania acreditam que, se você quiser saber como falar a verdade, deve começar a cantar. Essas sociedades antigas de há muito entenderam que cantar é um recurso de cura.

Entre as culturas indígenas existe a crença de que nossas canções favoritas são nossas *canções de poder*. Pense em suas músicas prediletas. Elas estão ligadas aos aspectos criativos de sua personalidade mais íntima e revelam aspectos importantes de sua autenticidade. Acredita-se, também, que a música mais poderosa é a que você cria com suas próprias palavras e com sua própria melodia. Comece a criar seu próprio repertório de canções de poder. Observe como os temas de suas próprias canções expressam maior criatividade e revelam aquilo que tem sentido para você.

O trabalhar com a voz de qualquer maneira — cantando, salmodiando, apenas produzindo sons, ou com indução vocálica — alimenta a essência de quem você realmente é. Peggy Beck e Anna Walters, em seu livro *The sacred*, enfatizam a relação existente entre música e espírito, fazendo-nos recordar a forma pela qual os povos nativos vêem essa relação: "Os povos (indígenas) igualam ou associam música, linguagem e respiração — dizendo que a vida humana está intimamente ligada à respiração, a respiração ao canto, o canto à prece e a prece à vida longa — um dos grandes círculos da criação".

*A alma é sempre bela,
O universo está tediosamente em ordem,
tudo está em seu lugar,
O que aconteceu está em seu lugar, o que está aguardando, estará em seu lugar.*

— Walt Whitman, *Complete poetry*

A música litúrgica nos faz lembrar que os três *sons sagrados* que se encontram em toda música sacra estão diretamente relacionados com as três forças universais da vida: dinamismo, magnetismo e integração. Esses três sons sagrados são: I, O e A. O som I é a forma pela qual o ser humano começa a trabalhar com a força vital do dinamismo; o som O é a forma pela qual o ser humano começa a trabalhar com a força vital do magnetismo; e o som A é a forma pela qual o ser humano começa a trabalhar com a força vital da integração. Utilizamos o *dinamismo* (I) para dar início ou impulsionar experiências. É a energia utilizada para a expansão e a criação. Utilizamos o *magnetismo* (O) para a abertura, para o receber, e para aprofundar nossas experiências. E utilizamos a *integração* (A) para aplicar, sintetizar e consolidar a experiência. Essas três forças vitais são necessárias para a expressão criativa. Para começar qualquer projeto criativo, o aspecto dinâmico de nossa natureza precisa primeiro gerá-lo. Nossa natureza magnética é a força vital que atrairá para nós novas oportunidades, que o intensificarão e o levarão adiante. É a energia integrativa que sintetiza e dá produção ao projeto criativo em si.

O canto dos xamãs, os tons uníssonos dos tibetanos, os exercícios de canto, dos cantores judeus, o canto gregoriano, são todos exemplos de tradições espirituais no trabalho com os três sons sagrados, com a finalidade de realinhar as três forças vitais. Antes, ainda, de sua fase oral, toda criança passa pela experiência desses três sons como forma de realinhar seus próprios padrões energéticos de dinamismo, magnetismo e integração.

Trabalho com Sino

Na maioria das culturas, o instrumento musical igualado à espiritualidade e tocado para reunir as pessoas é o *sino*. Do ponto de vista do arquétipo, ele serve como vibração sônica para nos chamar de volta à lembrança de nosso propósito autêntico, ou "chamado". Transculturalmente, esse instrumento é uma maneira de nos vincularmos aos nossos aspectos espirituais. Em algumas tradições xamânicas, as pessoas prendem guizos aos pulsos e tornozelos como lembretes para o oferecimento de sonhos, visões e preces tribais à Mãe Terra. Os sinos tibetanos, indianos e africanos, os gongos orientais e as orquestras de sinos são meios de reforçar sonhos de vida, preces, visionarizações e inspirações espirituais.

Meditação, Prece e Contemplação

Todas as culturas têm meios de alcançar os aspectos sobrenaturais ou espirituais da natureza humana.Tradicionalmente, esses meios incluem a prece, a contemplação e as práticas de meditação. Estas são portas de entrada ou oportunidades de descobrir e de redescobrir aspectos de nós mesmos. A meditação poderia ser vista como uma entrada de três portas: permite o acesso aos símbolos, às lembranças e às associações; funciona como uma ponte entre os mundos externo e interno e revela a criatura divina que somos. Nas culturas indígenas, as práticas de meditação são equiparadas às sessões jornada, por meio das quais os nativos honram o sagrado. É sua maneira de atingir um estado naturalmente alterado de consciência ou forma de meditação ou contemplação.

Meditar Caminhando

Por meio do *meditar caminhando*, nosso Visionário interior permite nossa abertura à criatividade. Na meditação caminhando escolhemos conscientemente um problema sobre o qual nos concentraremos, permitimos que ele se desenvolva, e então observamos o que nos é revelado enquanto caminhamos.

Tal forma de meditação, por vezes, é denominada "meditação em movimento". Seja caminhando, cozinhando, correndo ou nadando, nos encontramos num estado alterado de consciência, ou meditativo. Quando nosso corpo está em movimento e receptivo, tornamo-nos veículos para a solução criativa de problemas.

A caminhada ou o movimento liberam nosso espírito criativo. É importante prestar atenção em nossos processos ou na solução criativa de problemas que surgem quando estamos envolvidos nesse tipo de meditação. Algumas culturas indígenas costumam caminhar por grandes distâncias durante os ritos de iniciação como forma de obter acesso ao eu autêntico. Essas caminhadas são conhecidas como "caminhar sobre uma questão" entre os aborígenes australianos, e como forma de obter visões entre os povos nativos norte-americanos. Seu objetivo é estimular recursos de criatividade para o desenvolvimento de técnicas e métodos de sobrevivência.

O Poder da Prece

A prece pode ser o veículo para a visualização criativa das experiências e obtenção de seus resultados. O dr. Larry Dossey, em seu livro *Recovering the soul*, afirma que a prece, há muito, tem sido contemplada pela maioria das tradições religiosas como possuidora de grande poder de cura, tendo longa e respeitável história na intervenção das moléstias. Diz ele que os "pesquisadores da prece" e os "cientistas clínicos" nos oferecem algumas das mais notáveis evidências de que a mente, ainda que distante do local, pode atuar de forma decisiva sobre a matéria — formas essas que podem significar a diferença entre a vida e a morte para o enfermo. "Nossos problemas em entender o papel da prece na saúde advêm, em larga medida, da maneira curiosa pela qual, em medicina, entendemos o conceito de perto e distante." Muitos povos indígenas reconhecem

---

Ajuda-nos a ser sempre os esperançosos jardineiros do espírito, que sabem que sem a escuridão nada renasce, assim como sem a luz nada floresce.

— May Sarton, *Journal of a solitude*

Eu oro e canto. E, às vezes, minha prece é meu canto.

— Bobby McFerrin

> *"O que é real?", perguntou um dia o Coelho, quando se encontravam deitados lado a lado...*
> *"Significa ter coisas que zumbem dentro da gente, e uma manivela do lado de fora?"*
> *"O que é real não é como você foi feito", disse Couro de Cavalo. "É uma coisa que acontece com você. Quando uma criança te ama por muito tempo, não só para brincar, mas te ama DE VERDADE, aí você se torna real."*
> *"Dói?", perguntou o Coelho.*
> *"Algumas vezes", disse Couro de Cavalo, porque ele sempre dizia a verdade. "Quando você é Real, você não se importa em ser ferido."*
> *"Acontece tudo de uma vez, como quando nos jogam fora", perguntou ele "ou de pedacinho em pedacinho?"*
> *"Não acontece tudo de uma vez. Você se torna. Leva um bom tempo. É por isso que não acontece muito com quem se quebra com facilidade, que tem pontas afiadas, ou que tem de ser tratado com cuidado. Geralmente, quando você chega a ser Real, a maior parte do seu pêlo já caiu de tanto ser alisado, seus olhos já se foram, suas juntas já estão moles e muito estragadas. Mas essas coisas não têm nenhuma importância porque, sendo Real, você não pode ser feio, exceto para as pessoas que não entendem."*
>
> — Margery Williams,
> *O coelho de pelúcia*

que, por meio da prece, dos sonhos e das visões, os indivíduos podem atingir o coração e o espírito de outros seres humanos, independentemente de tempo e distância físicos.

Para o filósofo basco Miguel de Unamuno, a prece era o alimento que fazia cessar nosso anseio de divindade e de um relacionamento aprazível com a natureza humana. Em *Tragic sense of life*, ele eloqüentemente descreve o que sucede quando nos conectamos à nossa própria divindade: "Esse anseio, ou fome de divindade, gera esperança, a esperança gera a fé, e fé e esperança geram compaixão. Desse divino anseio nasce nosso sentido de beleza, de finalidade, de bem".

Na meditação damos ouvidos e seguimos a orientação que é oferecida. A diferença entre meditação e prece é melhor descrita por uma amiga de nove anos que diz: "Prece é quando você fala com Deus, e meditação é quando você ouve o que Ele diz". Na maioria das sociedades, a prece é uma forma de diálogo com o sagrado. May Sarton reproduz essa definição em seu livro *Journal of a solitude*, ao citar as palavras de Simone Weil: "Atenção absoluta é Prece".

Transculturalmente, a atenção ao sagrado criou três tipos de prece: a de pedir, a de venerar e a de agradecer. A *prece dirigida*, quase sempre denominada prece em petição, é aquela que fazemos quando temos um objetivo, imagem ou resultado específicos em mente. A *prece não-dirigida*, ao contrário, envolve uma abordagem aberta, sem nenhum resultado em mente. Na prece não-dirigida, o indivíduo não tenta dizer ao universo o que ele deve fazer. Em termos ocidentais, a prece não-dirigida quase sempre termina com a frase: "Seja feita sua vontade" ou "Para o bem maior de todos". Ambos os tipos aqui analisados podem englobar preces de veneração e de agradecimento.

Algumas culturas indígenas fazem uso de músicas repetitivas para orar. Utilizam-se de preces diretas e indiretas, porque consideram sonhos, visões e intuições como revelações ou preces que podem ser usadas em favor de membros da família, amigos, colegas e da Mãe Natureza. A prece dirigida envolve intenção; a não-dirigida, confiança. A combinação das duas nos permite obter o pleno acesso à nossa visionarização e vínculo à nossa fé e confiança no mistério de quem somos.

Em Busca das Visões

Muitas tradições xamânicas mantêm a crença de que todos os momentos de solidão passados em meio à natureza, com o propósito de refletir e receber orientação, despertam novamente nosso propósito de vida, lembrando-nos do remédio original que nos cabe oferecer a todas as criaturas e seres humanos.

É dada muita ênfase à demonstração das maneiras pelas quais pode-se confiar nas visões e intuições de alguém, especialmente quando se trata da *busca* dessas visões. Muitas culturas indígenas utilizam-se dessa busca — um longo espaço de tempo passado em meio à natureza — com o objetivo de rever, recuperar e recordar o sonho de vida ou espírito criativo de alguém. As atuais excursões ecológicas, do tipo mochila às costas, o *camping*, as caminhadas e os retiros solitários em meio à natureza utilizam-se dos princípios da busca de visões para a obtenção de resultados similares.

Na infância passamos mais tempo fora do que dentro de casa. Adultos, temos a tendência de fazer o contrário. A criança que guardamos dentro de nós sabe instintivamente que a natureza exterior é fonte de profunda reflexão e mestre de nossa natureza interior. O psicanalista Carl Jung sofreu de profunda depressão na idade madura. Reconheceu que, para recuperar seu próprio ideal ou propósito de vida, necessitaria recuperar sua criança divina interior. Passou a refletir sobre sua infância, lembrando-se de que sempre ficava perdido no tempo quando construía castelos de areia com pedrinhas. Já adulto, usou essa informação para sair da depressão, tomando-a como base para construir sua própria casa, feita de pedras rebocadas com areia.

Como resultado dessa experiência, Jung descobriu que nosso mito de vida, ou sonho, podem muito bem ser erigidos com base nessas atividades infantis para as quais éramos atraídos, e às quais nos entregávamos sozinhos, durante horas. Muitas vezes, ele fazia seus clientes regredirem para a idade entre os quatro e doze anos, para que se recordassem dessas atividades solitárias, sem noção de tempo. Ao retomar essas lembranças e atividades, somos capazes de dar novo ânimo à qualidade de nossas experiências de vida pelo fato de trazer de volta a criança divina e o ideal às nossas atividades de adultos.

A RELAÇÃO DO VISIONÁRIO COM A NATUREZA

Fala com a terra,
e ela te responderá.
— Jó, 12:8

Algumas sociedades indígenas usam a busca pelas visões como uma forma de revisar, sonhar de novo e rever a intenção da pessoa, bem como para avaliar se esta se encontra alinhada com o propósito criativo. Os períodos de solidão, particularmente aqueles que passamos em contato com a natureza, nos permitem renovar e regenerar nossa própria natureza.

Entre muitas tradições xamânicas, a direção *Leste* é considerada a moradia do *sol nascente*, do *Grande Espírito*, das *criaturas do deserto*, das *serpentes*, dos *lagartos* e das *tartarugas*. Na roda medicinal, essa direção é aquela para a qual alguns povos nativos se voltam em busca do poder das visões, dos sonhos e da orientação espiritual. É, também, com freqüência, associada ao verão; assim, ambas são vistas como local de abundância, plenitude e prosperidade. O verão é a estação em que a natureza atinge seu ápice. As tradições oraculares de todas as sociedades são meios pelos quais os seres humanos são atraídos pelo recurso da visão, que lhes dá suporte para atingir a plenitude de sua natureza. Essa direção lembra-nos de ligar-nos ao mistério de quem somos, a dar vazão à plenitude de nosso ideal de vida e a dar voz ao que vemos.

COMO O VISIONÁRIO/LÍDER LATENTE SE REVELA: OS ASPECTOS SOMBRA DO ARQUÉTIPO DO VISIONÁRIO, A CRIANÇA FERIDA DO LESTE

O arquétipo do Visionário, como vimos, fala a verdade. Temos contato com seu lado sombra sempre que negamos nossa própria verdade, nossa autenticidade. Os três maiores mecanismos de autonegação são: o *sistema do falso eu*, a *abnegação* e a *projeção*.

O Sistema do Falso Eu

Quando alimentamos o *sistema do falso eu*, em vez de afirmar nossa autenticidade, manifestamos o lado sombra do Visionário. Há um ditado latino americano (citado por Feldman, em *A world treasury*), que descreve o perigo de nos agarrarmos ao falso eu: "Quem tem rabo de palha não deve chegar perto do fogo". Alimentamos o falso eu e desenvolvemos nossos "rabos de palha" quando censuramos nossos pensamentos, ensaiamos nossas emoções, representamos o que achamos que os outros querem ver, ou escondemos nossos verdadeiros eus. Sempre que fingimos, censuramos, representamos ou nos contemos, damos força ao desenvolvimento desse sistema. Por meio dele, expandimos a arte da abnegação.

Não são necessárias muitas palavras para falar a verdade.
— Chefe Joseph Nez Perce (Nerburn, *Native American wisdom*)

Abnegação

O aspecto mais sombra do arquétipo do Visionário é a *abnegação*. Os seres humanos de todas as partes do mundo renunciam a si mesmos por cinco razões principais: pelo amor de alguém; para obter a aceitação e aprovação de alguém; para manter a paz; para manter o equilíbrio; ou para permanecer em harmonia. Renunciar a nós mesmos pelo amor de alguém, fingir ser outra pessoa para obter amor, aceitação ou aprovação dessa pessoa são formas de abnegação. Outra maneira de renunciar a nós mesmos — nesse caso para manter a paz, o equilíbrio e a harmonia — é evitar questões difíceis ou calar-se diante dessa dificuldade.

Em algumas tradições xamânicas, diz-se que os que renunciam a si mesmos têm dificuldade em "falar com a língua do espírito" e são considerados de "coração fraco", em vez de "coração forte". A criança ferida do Leste é a criança dissimulada, manipuladora, enganosa, de coração fraco e que se transforma numa estrategista de objetivos ocultos. Fraqueza de coração é não ter coragem de ser o que realmente somos. Sempre que isso acontece, caminhamos em direção à abnegação.

Se nos envolvemos continuamente com atitudes de abnegação, nosso eu autêntico permanece na expectativa de ser chamado. Falando a verdade podemos fazer com que esses padrões se dissolvam, começando a libertar-nos do falso eu e do lado sombra do arquétipo do Visionário. Nossos relacionamentos nos auxiliam a distinguir onde somos capazes de nos manter dentro de nosso Arco Sagrado e de nossa autenticidade, e onde mais alimentamos o falso eu, em vez de manter nossa integridade.

Projeções: Espelhos Refletores

Muitas culturas indígenas costumam costurar pequenos pedaços de espelhos ou vidro que brilham em suas roupas cerimoniais, ou, então, colam-nos nas máscaras para nos fazer lembrar de que somos espelhos uns dos outros. O tema do *espelho*, como metáfora do reflexo, é encontrado em todas as culturas. Para alguns povos indígenas, aqueles em quem nos espelhamos tornam-se nossos mestres, e demonstram-nos as formas pelas quais podemos atualizar nossa autenticidade, falando com a língua do espírito.

Essas sociedades acreditam que cada pessoa pode ser um espelho claro, um espelho esfumaçado ou um espelho rachado. Os *espelhos claros* são os indivíduos que idealizamos ou que acreditamos que não somos capazes de imitar. Os *esfumaçados* são aqueles com os quais sentimos dificuldades e com os quais esperamos não nos parecer de modo algum; e os *espelhos rachados*, são as pessoas que amamos e admiramos, embora sua presença nos cause medo e constrangimento.

O termo psicológico para isso é *projeção*. Sabemos que uma projeção está atuando quando uma carga energética se faz presente. As projeções são percepções não-atualizadas de nós mesmos. São partes de nosso eu que estão se evidenciando, embora ainda não tenhamos seu domínio. Achamos mais confortável ter esses aspectos fora de nós do que aceitá-los como partes de quem somos. Quando manifestamos o arquétipo do Visionário, colocamos em dia nossa autopercepção para que ela possa refletir com nitidez a pessoa na qual nos transformamos.

Algumas culturas indígenas reconhecem que o caminho do Visionário é uma forma de manter a ligação com o eu autêntico e revelar aquelas partes de nossa natureza que ainda permanecem presas dos aspectos sombra desse arquétipo. O conceito "sombra", de fato, significa qualquer parte de nosso eu, positiva ou desafiadora, ainda não integrada ou aceita dentro de nossa natureza. Essa nossa parte sombra dominará ou persistirá até ser integrada.

*Olhar num espelho;
E ser um espelho,
Encontro a mim mesmo.*

— Anônimo

Os Cinco Estágios da Projeção

Em 1984, numa conferência em São Francisco intitulada: "O Lado Escuro", o poeta Robert Bly sintetizou os trabalhos das psicanalistas Maria von Franz, sobre projeção, e de Alice Miller, sobre infância, e apresentou os *cinco estágios da projeção*. Estas tanto podem ser positivas como desafiadoras. O aspecto positivo de toda projeção é que ela se constitui numa parte de nós que repudiamos, mas que nos é familiar. Antes de retomá-la plenamente necessitamos percorrer os cinco estágios da projeção:

1. *Olhamos à nossa volta e encontramos a pessoa perfeita para personificar nossa projeção.* Por exemplo, se não trabalhamos nossa liderança ou valorizamos nossa beleza, quase sempre idealizamos pessoas com grande capacidade de liderança ou que vemos como belas. Se temos dificuldade em expressar nossa raiva, quase sempre temos dificuldades com pessoas que o fazem. Isso se torna uma projeção desafiadora para nós. Nesse estágio, nunca vemos as pessoas como são; vemos apenas o que queremos que elas sejam para nós.

2. *A projeção começa a deslocar-se.* Começamos a ver que o indivíduo pode ter alguma coisa diferente do que projetamos; no entanto, por meio de racionalizações e desculpas reajustamos a projeção porque não queremos acreditar que o conteúdo que havíamos projetado faz parte de nossa própria natureza. Por exemplo, o líder efetivo pode ter-se saído mal numa situação de liderança; no entanto, racionalizamos que todo mundo pode ter um mau dia, ou que as pessoas envolvidas, na verdade, mereceram o tratamento que tiveram. Ao pensarmos assim, a projeção, que havia começado a deslocar-se, é rapidamente posta de novo em seu lugar.

3. *A projeção se desprende totalmente.* Nenhuma racionalização pode ser feita. Somos forçados a ver que a pessoa está aquém do que havíamos projetado. Nesse estágio reagimos com desapontamento, raiva, críticas, julgamentos. Agora podemos escolher entre passar para o estágio quatro ou retomar a projeção e procurar outra pessoa que possa "encarná-la" para nós, em vez de esclarecê-la.

Quase sempre passamos anos nos estágios um, dois e três. Encontramos pessoas diferentes para incorporar a mesma projeção das partes de nós mesmos que não estamos dispostos a enxergar e atualizar. Por exemplo, se achamos que nossa raiva é difícil de aceitar, é mais fácil colocá-la fora de nós, julgá-la ou evitá-la quando a vemos expressa por outra pessoa. Algumas sociedades indígenas veriam essa fase como a do espelho esfumaçado.

4. *Reconhecimento.* Compreendemos que tratava-se de projeção e vemos que era um aspecto nosso. É o *estágio do pesar*: pesar por essa parte perdida de nós mesmos, por tanto tempo afastada; e pesar por reconhecermos que não víamos a pessoa pelo que ela era, e agora reconhecemos o dano não-intencional que podemos ter causado no estágio três.

A verdade, no mundo, pode andar desarmada.

— Provérbio beduíno
(Feldman, *A world treasury*)

5. *Compassividade e integração da projeção.* Neste estágio temos um sentimento de compassividade em relação a nós mesmos e em relação aos que passam pelos mesmos problemas. Incorporamos a qualidade que antes projetávamos sobre terceiros, em vez de continuar a projetá-la externamente. Movemo-nos em direção a um estado de objetividade e não mais carregamos nenhuma forma de peso pelo que antes projetávamos.

Quando as pessoas nos parecem espelhos rachados elas nos atraem, apesar de nos aproximarmos delas com cautela. O espelho rachado é a combinação do espelho claro com o esfumaçado. Os cinco estágios da projeção aplicam-se a ele da mesma forma.

Perspectivas Fixas/Pontos Cegos

Quando perdemos nossa capacidade de brincar ou de manter nosso senso de humor, somente enxergamos o que não dá resultados, ou nos aferramos à nossa própria percepção como único ponto de vista existente. Em ambos os casos, quer se trate de nossos *pontos cegos* ou de nossas *perspectivas fixas*, perdemos a espontaneidade e tornamo-nos demasiadamente identificados com nossa própria maneira de ver as coisas.

Confúcio afirmou: "Tem cuidado com o homem cuja barriga não treme quando ele ri; eis uma pessoa perigosa". Quando não estamos conectados com nossa própria integridade, tornamo-nos perigosos. O riso verdadeiro, no entanto, tem a capacidade de libertar-nos do sistema do falso eu. Conservar perspectivas fixas, pontos cegos e o alinhamento com o protocolo social, mais do que com nossa integridade, são sinais de que estamos envolvidos com o lado sombra do arquétipo do Visionário.

O humor, o riso e as brincadeiras são formas de nos abrirmos em relação a pontos de vista alternativos. A afirmação de Ethel Barrymore (citada por Van Ekeren, em seu *The speaker's sourcebook*) nos faz lembrar da mágica que é criada toda vez que o riso se combina com a integridade: "Você cresce no dia em que consegue rir seu primeiro riso de verdade: quando ri de si mesmo". Ao mantermos nosso senso de humor, nossa espontaneidade e nossa curiosidade infantil, tornamo-nos capazes de utilizar criativamente as quatro formas de ver. Confiamos implicitamente em nossa percepção, discernimento, sonhos e visões. As opções e visões criativas que os outros nos apresentam principiam a inspirar e estimular nossa criatividade, quando não somos presas dos aspectos sombra deste arquétipo. Os indivíduos criativos são pessoas abertas às múltiplas maneiras de ver; têm muita facilidade em permitir que as coisas sigam seu rumo ou de ir ao encontro de opções ou perspectivas que ainda não haviam considerado.

Processos e Lembretes: Práticas Essenciais para o Desenvolvimento do Visionário Interior

1. *Dedique ao menos 15 minutos diários para meditar caminhando.* Registre sua experiência num diário ou comece um novo, especialmente para meditações.

Figura caminhando. Arte em pedra. Canadá.
Fonte: Mazonowicz, *Voices from the Stone Age* (p. 195)

Meditação Caminhando

Acesso ao Criador Interior.
Acesso à Qualidade da Criação.

Propósito

O propósito da meditação caminhando é reverenciar o tempo sagrado. Tempo dedicado à introspecção, contemplação, redescoberta e veneração do sagrado ou divino.

Postura

Caminhe em ritmo confortável e de forma relaxada por, no mínimo, 15 minutos. Muitas outras atividades de movimento podem ser, também, conscientemente utilizadas para a meditação, como: correr, nadar, dançar, dirigir, cozinhar, passar aspirador. Em essência, qualquer atividade física que você escolher com o propósito de dar ouvidos a seus estados ou processos interiores pode ser considerada uma forma de meditar.

Processos

Esta postura favorece os aspectos de confiança e de abertura e estimula o inesperado, pois sua atenção está voltada para uma atividade de movimento. Durante essas atividades, quase sempre aparecem, espontaneamente, a compreensão intuitiva e a solução criativa. A meditação por meio do movimento ensina os seres humanos quão maravilhosos podem ser os acontecimentos quando confiamos e deixamos de controlar.

2. *Dedique alguns momentos para honrar seus sonhos registrando-os num diário.* Os sonhos mais importantes a serem trabalhados durante o ano são os que você mantém vivos na lembrança.

3. *Comprometa-se a praticar e dizer a verdade diariamente.* Note com quem e em que situações isso é fácil e quando representa um desafio.

4. *Dedique ao menos 15 minutos por dia para cantar, cantarolar ou dizer um salmo.* Comece a criar suas próprias músicas de poder.

5. *Determine uma época em cada estação do ano para rever seus objetivos e a maneira pela qual eles dão suporte e continuidade a seu ideal de vida ou visões.*

6. *Ao menos duas vezes por ano, passe um longo tempo sozinho, em contato com a natureza, para rever, refletir e voltar a sonhar.*

7. *Ofereça conscientemente aos demais uma prece ou apoio não-verbal.* Faça uso da visualização criativa, afirmações e lembretes visuais para dar sustentação a seu próprio crescimento e desenvolvimento.

8. *Reserve um momento diário de quietude para ouvir sua intuição.* A profunda orientação espiritual interior encontra-se sempre disponível e aguardando ser reconhecida e utilizada.

9. *Note e observe as fontes de inspiração em sua vida.* Elas lhe revelam o que é importante para o eu autêntico.

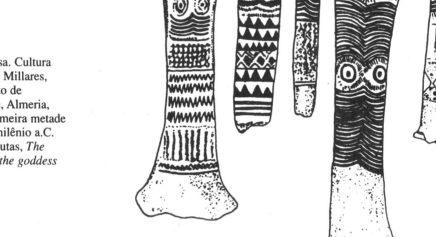

Olho de deusa. Cultura Almeria-Los Millares, Assentamento de Almizaraque, Almeria, Espanha; primeira metade do terceiro milênio a.C. Fonte: Gimbutas, *The language of the goddess* (p. 54)

Alguém que lhe vê e não ri bem alto,
que silencia ou explode em pedaços,
é nada mais que o cimento
e pedra de sua própria prisão.

— Jalal al-Din Rumi

SUMÁRIO DO ARQUÉTIPO DO VISIONÁRIO

O arquétipo do Visionário pede-nos para dizer a verdade, sem acusar nem julgar. Expressamos o Visionário: quando honramos as quatro formas de ver e o poder da prece; quando exprimimos o que vemos, interior e exteriormente; e quando fazemos vir à tona nosso espírito criativo e nosso ideal de vida.

Quatro Formas De Ver

- Intuição
- Percepção
- Discernimento
- Visões

Quatro Tipos Universais de Meditação
(Formas de Atingir as Visões e o Espírito)

- Meditação por meio do caminhar ou do movimento
- Meditação em pé
- Meditação em posição deitada
- Meditação em posição sentada

TRÊS FORÇAS VITAIS: DINAMISMO, MAGNETISMO E INTEGRAÇÃO

Quatro Maneiras de Manter a Integridade

- Dizer a verdade, sem acusar ou julgar
- Libertação dos padrões de comportamento de negação e indulgência
- Alinhamento entre palavras e ação
- Honrar a si mesmo como se honra aos demais

Cinco Causas Universais de Abnegação

- Necessidade de amor
- Necessidade de receber aprovação e aceitação
- Necessidade de manter a paz
- Necessidade de manter o equilíbrio
- Necessidade de harmonia a todo custo

ACIMA: Centro das tabelas quadrangulares: Variações sobre o símbolo da lagarta azul (Xonecuilli). Fonte: Jorge Enciso, *Designs from pre-columbian Mexico* (Nova York, Dover, 1971)

Questões

Ninguém pode fazê-lo sentir-se inferior sem seu consentimento.

Eleanor Roosevelt (Van Ekeren, *The speaker's sourcebook*)

Pense em suas respostas às questões que se seguem. Para desenvolver o Visionário interior, formule e responda diariamente às questões 1 e 2.

1. Qual é minha capacidade atual de dizer a verdade sem criticar nem julgar? Pratique o hábito de dizer a verdade e verifique, a cada dia, as circunstâncias nas quais se sentiu capaz de expressar a verdade sem acusar.

2. Em que situações e com quem me percebo alimentando meu falso eu?

3. Quais são as minhas cinco músicas prediletas? Que músicas da infância guardo comigo? Que músicas ensino aos outros? Que músicas originais criei? Pratique diariamente o canto como forma de trazer ao mundo sua própria voz.

4. Entre os quatro e doze anos, que atividades me prendiam durante horas, sem precisar de ninguém mais a meu lado?

5. Quando, em minha vida, dei vazão aos aspectos criativos de minha personalidade? Qual é meu remédio natural (meus dons e talentos) únicos, inigualáveis?

6. O que me faz rir? Quão desenvolvido está meu senso de humor? O que é engraçado para mim? Quais são as formas de brincadeira que existem em minha vida?

7. Em que rumos espirituais, ideais e práticas encontro-me engajado? Se tivesse que escrever minha autobiografia espiritual, o que ela conteria? Qual foi minha primeira experiência mística ou numinosa?

8. Quais as formas de prece, meditação ou contemplação de que faço uso para obter uma orientação espiritual? Para onde me volto em busca de orientação? Que práticas me fazem ligar-me à minha vida interior?

9. Em que situações ou junto a quem renuncio a mim mesmo? Quando me sinto capaz de manter minha integridade e autenticidade, e quando não sou capaz de fazê-lo?

10. De quais projeções estou consciente? Quem são meus espelhos claros, meus espelhos esfumaçados e meus espelhos rachados?

〰〰〰〰〰〰〰〰〰〰

*... cada um de nós carrega
em seu peito
uma canção*

*tão velha que
não sabemos
se a aprendemos*

*em alguma noite
entre murmúrios de beijos
dados*

*nossos lábios
nos surpreendem
quando entoam*

*esta música
que canta
e chora simultaneamente.*

— Francisco X Alarcon,
Body in flames

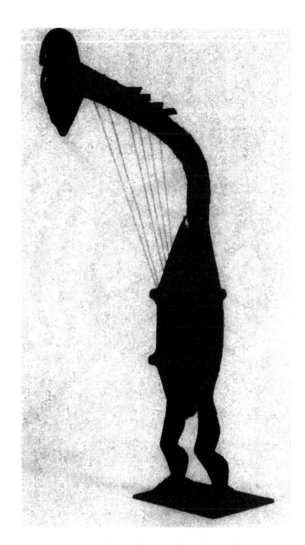

Instrumento musical africano. Exposição do museu itinerante, "Formas de som: Instrumentos musicais africanos", patrocinada pela Federação Americana de Artes de Nova York. Fonte: Coleção do Museu Nacional das Artes de Paris.
Copyright © Photo R. M. N.

AO LADO: Gravura de Constance King. Centro: O tema do quádruplo, que representa os grandes círculos da vida e são quase sempre compostos de quatro círculos ou figuras ovais ao redor de um centro comum, como nesta tigela de arte Cucuteni tardia. Cucuteni B2 (Buznca, cerca de Petra Neamt, Moldavia; 3.700-3.500 a.C.). Fonte: Marija Gimbutas, *The language of the goddess* (São Francisco, Harper & Row, 1990, p. 297)

O CAMINHO DO MESTRE

*O verdadeiro domínio pode ser alcançado
quando deixamos que as coisas sigam seu próprio rumo.
Não pode ser alcançado quando interferimos.*

— Lao Tsé, *Tao Te Ching* (Mitchell)

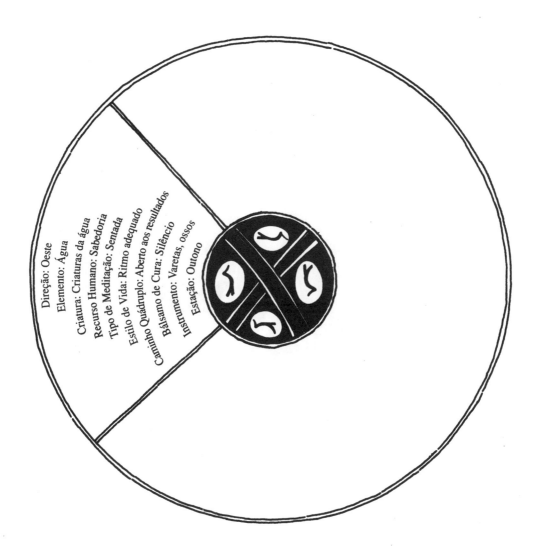

Transculturalmente, existem várias e diferentes perspectivas entre os povos indígenas de cada continente, no que diz respeito aos pontos cardeais e às estações do ano. No entanto, a maioria deles os vê tal como apresentados aqui.

ACIMA: Duas figuras sentadas dentro do círculo. Pintura rupestre, Inaouanrhat, Deserto do Saara, África.
Fonte: Douglas Mazonowicz, *Voices from the Stone Age: a search for cave and canyon art* (Nova York, Thomas Y. Crowell, 1974, p. 164)

ESTAR ABERTO E NÃO PRESO AOS RESULTADOS

O caminho do Mestre permite o acesso ao recurso humano da sabedoria, e toda cultura apresenta conceitos tradicionais e não-tradicionais de educação. Quer se trate de um sistema escolar estabelecido, quer seja apenas um aprendizado, o processo de aprender e ensinar é universal.

O princípio que guia o Mestre é *estar aberto aos resultados e não preso a eles*. O Mestre possui *sabedoria*, ensina *confiança* e entende a necessidade do *desapego*.

Sabedoria: Clareza, Objetividade, Discernimento, Desapego

O Caminho do Mestre é a prática da *confiança*. Esta é a fonte de onde brotam as *qualidades da sabedoria*: clareza, objetividade, discernimento e desapego. A sabedoria está atuando quando nos encontramos abertos a todas as opções.

É do estilo do Mestre usar a confiança como instrumento. Madre Teresa de Calcutá demonstrou confiança quando disse: "Sinto-me como um lápis nas mãos de Deus... Ele escreve por nosso intermédio e, embora instrumentos imperfeitos que possamos ser, Ele escreve de maneira belíssima... Ele se digna trabalhar por nosso intermédio. Isso não é maravilhoso?" (Warner, *Women of faith*).

Confiança: Não se Deixar Abalar pela Incerteza

As tradições xamânicas atingem a capacidade humana da sabedoria aprendendo como confiar e sentir-se à vontade diante de situações desconhecidas. Em algumas partes da África, diz-se que o indivíduo que se encontra numa condição estranha "caminha no reino das nuvens cinzentas". Durante esses períodos, considera-se tolice agir, sendo mostra de sabedoria aguardar e confiar. A confiança, no entanto, pode ser uma arte difícil de aprender.

O arquétipo do *trapaceiro*, encontrado em várias tradições xamânicas, opera como um Mestre que choca as pessoas ao mostrar-lhes seus apegos e hábitos arraigados. Os trapaceiros típicos usam as surpresas e o inesperado como formas de arrancar as pessoas de sua rotina. Em seu livro *Sincronicity: science, myth, and the trickster*, Allan Combs e Mark Holland descrevem essa figura:

> Na mitologia de inúmeros povos, a figura mítica que personifica o inesperado é o Trapaceiro que, como um deus, movimenta-se, aos trancos e barrancos, no ordenado mundo da realidade comum, trazendo boa e má sorte, lucros e perdas. O deus trapaceiro é universal. Entre os povos nativos americanos, é conhecido como Ictinike, Coyote, Coelho e outros; é o Maui para os polinésios; o Loki das antigas tribos germânicas européias; e Krishna na mitologia sagrada da Índia. Mais conhecido para a maioria de nós, do Ocidente, é o deus grego Hermes, que representa a mais ampla e sofisticada manifestação do Trapaceiro. Homero o denomina de: "Porta-

Cada cabeçà é um mundo.

— Provérbio cubano
(Feldman, *A world treasury*)

ACIMA: Motivo de onda.
Fonte: Joseph D'Adetta, *Treasury of chinese design motifs* (Nova York, Dover, 1981, p. 51)

> *Do irreal leva-me ao real,*
> *Da sombra leva-me à luz,*
> *Da morte leva-me*
> *à imortalidade.*
>
> — Os Upanishads

> *O sonho tem início com um mestre que acredita em ti, que te puxa, te empurra e te conduz ao próximo degrau, às vezes te aguilhoando com uma vara pontiaguda chamada "verdade".*
>
> — Dan Rather
> (Van Ekeren, *The speaker's sourcebook*)

dor da Sorte". Ele é também conhecido, em função dos vários paradoxos que caracterizam tanto Hermes como outros deuses trapaceiros, como patrono de viajantes e ladrões. Ele é o Guia das Almas para o mundo subterrâneo e mensageiro dos deuses. Como todos esses papéis sugerem, é ele o senhor maior dos limites e transições. É por meio desse domínio que ele surpreende a realidade mundana com o inesperado e o miraculoso.

O oposto da confiança no inesperado é tentar *controlar* o incontrolável — uma tarefa claramente impossível. As sociedades xamânicas reconhecem que o indivíduo que apresenta dificuldades em lidar com surpresas ou com o inesperado tem apegos, perspectivas fixas e grande necessidade de controlar. Apegos são expectativas específicas, irremovíveis, desejos que são projetados sobre pessoas, lugares e situações. Quando somos apegados, quase sempre nos tornamos pessoas controladoras e rígidas. A figura do trapaceiro alerta-nos para sermos mais flexíveis.

O Tema do Desapego

O objetivo primário do arquétipo do trapaceiro é ensinar aos seres humanos a respeito do desapego. Muitos ocidentais entendem que desapego é sinônimo de "despreocupação". Do ponto de vista lingüístico, no entanto, a palavra *desapego* é mais comumente definida como "a capacidade de nos preocuparmos profundamente a partir de uma posição objetiva". Assim, quando usamos o termo "desapego", aqui, falamos de algo que você pode definir como o contrário de prender, como deixar seguir o rumo, manter o senso de humor. Se analisarmos o que nos leva a perder nossos senso de humor, poderemos identificar nossos apegos. O terreno em que mantemos nosso senso de humor é aquele do qual somos desapegados e podemos nos manter flexíveis.

Quando estamos desapegados podemos observar calmamente nossa reação diante das situações em vez de nos deixarmos levar por nossas emoções. Não confunda isso com frieza ou falta de interesse — é totalmente o oposto. Quando não nos deixamos levar e quando mantemos nosso senso de humor demonstramos nossa capacidade de nos interessar profundamente, de forma objetiva.

A maioria das tradições espirituais faz referência ao tema do desapego. Harrison Owen, em seu livro *Leadership is*, resumiu-o em quatro princípios, que chama de quatro imutáveis leis do espírito: "Quem quer que esteja presente é a pessoa certa para estar aqui; seja quando for que comecemos, é sempre o tempo certo; o que acontece é a única coisa que poderia ter acontecido; quando acaba, acaba". Sob cada uma dessas premissas, quer concordemos ou não com elas, encontra-se o princípio da aceitação, não o da resignação. Seríamos capazes de aceitar a experiência tal como ela é, e ser criativos em relação a ela em vez de resignados ou fatalistas? A aceitação é parte importante do desapego. O sentimento de resignação é sempre sinal de apego.

Perda e Ritual

Outra maneira de aprendermos a respeito do desapego é por meio da *perda*. William Bridges, autor de *Surviving corporate transition*, afirma que, fatalmente, toda perda se encaixa em uma destas seis categorias:

1. Perda de laços
2. Perda de rumo
3. Perda de estrutura

4. Perda de um futuro
5. Perda de significado
6. Perda de controle

Todos nós já passamos por um ou mais dos tipos de perdas mencionadas por Bridges, além da perda daqueles que amamos. Cada tipo de perda é uma experiência humilhante que, mais adiante, nos ensina sobre a aceitação e como deixar que as coisas sigam seu rumo.

Muitas tradições xamânicas reconhecem que o *ritual* ajuda as pessoas a lidar com as perdas. Combs e Holland nos recordam que: "A palavra ritual, de fato, vem de uma raiz indo-européia que significa 'encaixar junto'. Essa raiz encontra-se relacionada a palavras como arte, habilidade, ordenamento, tecelagem e aritmética, todas elas envolvendo o encaixe de uma coisa às outras para criar ordem". Todas as sociedades apresentam rituais em honra às principais transições da vida: o nascimento, a iniciação, o casamento e a morte. O ritual é o ato consciente de reconhecimento de uma mudança de vida, quando fazemos algo para honrar e dar sustentação a essa mudança, por meio de testemunhas, oferecimento de presentes, cerimônias e intenções sagradas. Dessa forma, os seres humanos apóiam as mudanças que experimentam e criam uma forma "de encaixar de novo as coisas".

A morte não leva o velho, mas o maduro.

— Provérbio russo (Feldman, *A world treasury*)

Espíritos Ancestrais

Algumas tradições nativas vêem os espíritos ancestrais (membros da família e amigos que já não vivem) como importantes mestres do desapego porque já encararam o processo de deixar que as coisas sigam seu rumo e experimentaram o maior desconhecido — a morte. Os povos indígenas acreditam que, literalmente, esses seres permanecem ao nosso lado para dar-nos suporte em relação a nosso ideal e propósito de vida. A maioria das tradições xamânicas acredita que os ancestrais espirituais masculinos ficam do lado direito de nosso corpo e os femininos, do lado esquerdo. Crêem que eles se dedicam a cuidar para que tanto as gerações presentes como as futuras alcancem a realização de seus sonhos ou propósitos de vida. A antiga canção ancestral européia, transmitida por tradição oral, estabelece claramente de que forma nossos ancestrais podem ajudar-nos:

Oh! Possa ser este aquele
  que dará continuidade
ao bem, à verdade e à beleza de nossa
  linhagem familiar;
Oh! Possa ser este aquele
  que quebrará os padrões
familiares nocivos
  ou os padrões
nacionais nocivos.

Figuras de espíritos ancestrais. B. Canyon, Utah. Fonte: Mazonowicz, *Voices from the Stone Age* (p. 170)

Em *Tragic sense of life*, o filósofo basco Miguel de Unamuno nos faz lembrar da importância dos vínculos ancestrais e de ajuda que se encontram profundamente enraizadas em nós: "Todos os meus ancestrais vivem, em sua total grandeza, dentro de mim e assim continuarão a viver, junto comigo, em meus descendentes". As sociedades nativas norte-americanas, em muitas de suas orações, nos fazem lembrar essa conexão entre passado e presente quando dizem: "Pelas

Tenho apenas três coisas a ensinar: simplicidade, paciência e compaixão. É este nosso maior tesouro. Simples em pensamentos e ações, retornarás à fonte do ser.

— Lao Tsé, *Tao Te Ching* (Mitchell)

gerações passadas e pelas sete gerações futuras, peço por...". Muitas culturas indígenas reconhecem que cada indivíduo é portador da tradição das gerações passadas e das que virão. É importante ter em mente as maneiras pelas quais podemos atrair as qualidades de "bom, verdadeiro e belo" que trazemos como herança; e saber que a qualidade de nossa vida contribui para as oportunidades e desafios das gerações que virão. Quando nos surpreendemos a pensar em nossas tias e avós preferidas, que já não se encontram entre nós, podemos estar sendo lembrados de tudo o que é bom, verdadeiro e belo em nossa natureza.

Muitas sociedades indígenas mantêm a crença de que o espírito de nossos ancestrais se faz presente para ajudar-nos a transpor o último umbral no processo da morte. E, porque nos ensinam como deixar que as coisas sigam seu rumo e sobre o desapego, são eles os Mestres que nos ajudam a estar preparados para experiências novas e desconhecidas, das quais a maior delas é nossa própria morte.

A maneira como reagimos às novas experiências com as quais nos defrontamos diariamente pode ser uma preparação para a forma como reagiremos ante a aproximação de nossa morte. Encaramos as novas experiências com curiosidade, surpresa, excitação? Ou lidamos com o inesperado e o desconhecido de maneira controladora e amedrontados? Considerando-se as últimas manifestações de pessoas importantes quando se aproximavam do último umbral, tem-se uma idéia do que significa permitir que as coisas tomem seu rumo. Junípero Serra, o missionário espanhol, via esta última porta do seguinte modo: "Agora descansarei". As últimas palavras de Gertrude Stein foram: "Qual a pergunta? — Se não há perguntas, não há respostas". Goethe, perto da morte, disse: "Mais luz" (Conrad, *Famous last words*).

Se apelamos para a ajuda dos espíritos ancestrais diante de situações novas, podemos também fazê-lo para concretizar nossos ideais de vida. O poeta John Milton nos lembra, em *Paradise lost*, o ilimitado recurso em que se constitui nossa herança e linhagem, que honramos por meio dos espíritos ancestrais: "Milhões de criaturas espirituais caminham sobre a Terra/Invisíveis, estejamos despertos ou adormecidos...". Muitas tradições xamânicas classificam os "seres espirituais" de Milton, ou espíritos ancestrais, em três categorias: os que são parte de nossa família biológica; os não consangüíneos, que se unem a nós por laços de afeto; ou figuras históricas que nos serviram de inspiração. Essas sociedades consideram que os ancestrais familiares, por laços de sangue, têm mais poder para ajudar-nos a quebrar padrões nocivos para que possamos reter o que é bom, verdadeiro e belo.

Ferramentas de poder do Mestre

As ferramentas de poder do arquétipo do Mestre incluem a observância do *silêncio*, o *apelo aos espíritos ancestrais* para a obtenção de orientação e a *meditação em posição sentada*.

Silêncio

Podemos dar abertura ao arquétipo do Mestre e aos espíritos ancestrais por meio do bálsamo do silêncio. Muitas tradições espirituais reconhecem que a

> *O homem inteligente está sempre aberto a novas idéias. Na verdade, ele as busca.*
>
> — Provérbios, 18:15

orientação íntima e as experiências transpessoais vêm à tona durante os períodos de silêncio ou longos períodos de solidão. Para se ter alcance ao recurso humano da sabedoria é necessário praticar a arte de ouvir. Ou, como declarou Mark Twain: "Uma idéia melhor que a minha é ouvir" (Harnsberger, *Everyone's Mark Twain*).

Dar ouvidos aos nossos próprios guias é uma forma de honrar nossa sabedoria natural. Os períodos de silêncio e isolamento nos permitem alcançar maior clareza, objetividade e discernimento, qualidades inerentes à sabedoria. Por onde quer que busquemos orientação, tanto interior quanto externamente, estaremos sempre dispostos a aprender e a ouvir.

Fonte antiga de orientação é o *Livro das mutações*, chinês, conhecido como o *I Ching*. Esse recurso, utilizando-se de alegorias da natureza, lembra-nos que, para as mudanças terem êxito, devemos ser como uma grande árvore que criou suas raízes ao lado de um rio. Isto é, necessitamos equilibrar tanto a quietude (árvore enraizada) como a atividade (rio que corre), ou quietude com movimento. No Ocidente, conhecemos bem a importância da atividade e do movimento; também precisamos compreender que os períodos de silêncio e de isolamento são meios essenciais à abertura de nossa orientação interior e à plenitude de nossa alma.

Chamar pelos Espíritos Ancestrais

Músico percussionista. Tassili, África.
Fonte: Mazonowicz, *Voices from the Stone Age* (p. 130)

Durante os períodos de silêncio, podemos também obter orientação de nossos espíritos ancestrais para ajudar-nos ante os desafios de ordem familiar. Algumas tradições xamânicas acreditam que o fato de chamarmos nossos ancestrais pelo nome atrairá sua ajuda. Às vezes, os instrumentos musicais são usados em conjunto com os espíritos ancestrais. *Batidas com varetas* ou *ossos* são outra forma de solicitar ajuda ancestral; cada batida representa nosso compromisso em quebrar os padrões nocivos familiares ou culturais. Em *Jambalaya*, Luisah Teish, da tradição Iorubá Lucumi, nos lembra que: "Os africanos acreditam que aqueles que se foram antes, fizeram de nós o que somos. Da mesma forma, a reverência aos ancestrais ocupa um importante lugar no sistema de crenças africano... Egungun ou egun é a palavra Iorubá usada para designar aquelas almas ou inteligências que se transportaram para além do corpo físico".

Podemos também nos recordar de nossos espíritos ancestrais no doce território do silêncio ou das práticas contemplativas. Os ancestrais podem se fazer presentes em nossas vidas de maneira muito concreta. Por exemplo, se o alcoolismo tem sido um padrão familiar nocivo, temos oportunidade de aprender com os erros de nossos ancestrais e reverenciá-los, optando por não permitir que esse padrão familiar se perpetue em nós.

Meditação em Posição Sentada

Em muitas tradições espirituais, a *meditação em posição sentada* é a postura universal para obter-se acesso ao recurso humano da sabedoria. No silêncio, a pessoa que medita em posição sentada transforma-se em testemunha imparcial e pára de julgar o que é revelado.

Transculturalmente, esse tipo de meditação é o aprendizado ou postura receptiva que o ser humano assume, ao receber ensinamentos ou instruções de qualquer tipo. Além da instrução, muitas culturas indígenas também se utilizam dessa postura para a oração silenciosa ou para a cuidadosa observação de revelações íntimas.

O arquétipo do Mestre pede que sejamos objetivos em relação aos nossos próprios processos. A meditação sentada ensina as pessoas como esperar, ouvir e observar o que lhes é revelado. O *Tao Te Ching*, segundo a tradução de Stephen Mitchell, diz: "O verdadeiro domínio pode ser alcançado quando deixamos as coisas seguir seu próprio rumo. Ele não pode ser alcançado quando interferimos". A meditação em posição sentada nos ensina a arte da observação, em que idéias e imagens são liberadas tão logo se revelam. Essa é uma prática de desapego. Outras dessas práticas podem incluir cursos com exercícios de corda na selva, viagens de balsa em correntezas, escalada de montanhas, mergulho e pesca.

A RELAÇÃO DO MESTRE COM A NATUREZA

O principal Mestre do desapego, no que se refere à Natureza, é a *Avó Oceano*, que é o mais primário exemplo de flexibilidade e capacidade de recuperação que ela nos oferece. Para algumas culturas nativas, a direção *Oeste* é a morada da Avó Oceano e de todas as *criaturas da água*. Na roda medicinal, essa direção é aquela para a qual muitos povos nativos se voltam em busca do poder do silêncio, de sabedoria e orientação ancestral. O Oeste é associado ao outono, tempo de armazenar e também de permitir que as coisas sigam seu rumo.

As criaturas da água e a Avó Oceano revelam nossa capacidades para colheitas abundantes e fluidez ilimitada. Somos um planeta aquático. As culturas indígenas quase sempre vêem a água como sagrada, por sua capacidade de limpar, alimentar, curar e purificar. Essa direção nos lembra que a sabedoria, tal como a Avó Oceano, é sempre flexível e raramente rígida.

COMO O MESTRE/LÍDER LATENTE SE REVELA: OS ASPECTOS SOMBRA DO ARQUÉTIPO DO MESTRE, A CRIANÇA FERIDA DO OESTE

Padrões de Posicionamento, Julgamento e Controle

Sabedoria é a capacidade que temos de aceitar tanto nossos aspectos superdesenvolvidos como os pouco desenvolvidos, sob a óptica da testemunha imparcial. Quando somos capazes de dar valor tanto à nossa auto-estima quanto à nossa autocrítica, começamos a alcançar a fonte da sabedoria. Experimentamos o lado sombra do arquétipo do Mestre quando demonstramos atitudes repletas de justificativas de *posicionamento*, *julgamento* e *controle*. O Mestre compreende essas atitudes, mas não se mostra indulgente em relação a elas.

O oposto de posicionamento é a flexibilidade; o outro lado do julgamento é a objetividade e o discernimento; e o oposto do controle é a confiança. Os

> *De todas as plantas que cobrem a terra e se acomodam, como a penugem sobre o corpo de nossa avó, tenta obter o conhecimento que pode fortalecê-lo na vida.*
>
> — Provérbio dos Winnebagos, nativos americanos (Feldman, *A world treasure*)

padrões de posicionamento, julgamento e controle geralmente se baseiam no medo e sempre revelam falta de confiança. Se nossa observação nos indica que expressamos em demasia esses padrões, precisamos nos lembrar de que também trazemos conosco um enorme potencial de sabedoria que espera ser plenamente utilizado. Os que possuem senso crítico aguçado podem fazer uso dessa característica de maneira construtiva. Por exemplo, se tiverem facilidade para escrever, podem dedicar-se à crítica, lembrando-se de avaliar tanto o lado positivo quanto o lado negativo de um projeto.

Universalmente, o mal tem duas origens: o *medo* e a *ignorância*. A maior função do medo é alertar-nos contra algo que possa nos ferir, para que tomemos cuidado. Infelizmente, a maioria de nós se sente amedrontada em relação a várias situações que não pedem tantas precauções. O maior efeito do medo é comprimir energia, o que pode nos prejudicar tanto física como mentalmente e nos levar a lutar ou fugir.

Também causamos o mal quando, conscientemente, ignoramos pessoas ou situações. Podemos, por outro lado, causar um dano não intencional, num estado de "ignorância cega". Por exemplo, é possível que, casualmente, digamos a alguém que acabamos de conhecer: "Francamente, eu não entendo essas pessoas que vivem adiando as coisas", sem saber, no entanto, que nosso novo amigo pode ser uma pessoa que adia as coisas e que está tendo problemas por isso.

Confusão

A ignorância, às vezes, pode ser fonte de *confusão*; juntamente com a dúvida, é o lado sombra da luz. Quando estamos confusos, é melhor esperar do que agir. Porém, se as circunstâncias nos obrigarem a atuar, devemos buscar os pontos claros e atuar somente nessas áreas.

Discernimento é a capacidade de respeitar o contexto, tempo e conteúdo apropriados. A pessoa que possui discernimento pergunta: "Será certo liberar este conteúdo, neste momento e lugar?". Quando nos achamos no lado sombra do discernimento, surpreendemo-nos sendo grosseiros, inadequados e ignorantes do contexto.

Apegos

> *O ciclo que engloba nosso ir e vir*
> *Não tem começo nem fim discerníveis;*
> *Ninguém conseguiu descobrir ao certo a questão*
> *— De onde viemos e para onde vamos.*
>
> —*Rubaiyat of Omar Khayyam*, a partir da tradução de Peter Avery e John Heath-Stubbs

O posicionamento revela a presença do apego. O arquétipo do Mestre exige que equilibremos nossa capacidade para que sejamos tão apegados quanto desapegados. Quando nos encontramos presos a resultados que ainda virão, nossa tendência é mais no sentido de controlar do que confiar. Quando nos encontramos presos a algo, muitas vezes perdemos nossa objetividade em relação ao assunto e, em consequência, perdemos nossa capacidade de agir com acerto. Numa base de desprendimento, no entanto, somos capazes de mostrar profundo interesse a partir de um plano objetivo. É importante lembrar que a sabedoria é sempre flexível e raramente rígida. À medida que desenvolvemos nossa flexibilidade aumentamos nossa capacidade de expressar sabedoria e abrir mão de apegos.

Por exemplo, é possível que você se lembre de alguma ocasião em que se encontrava teimosamente aferrado à sua posição em relação a um problema, quando se viu diante de opiniões e perspectivas que não havia considerado antes. De repente, você encontra uma solução nova — e melhor. Por meio dessa compreensão você caminhou de uma posição de apego para um plano de sabedoria flexível.

Processos e Lembretes: Práticas Essenciais para o Desenvolvimento do Mestre Interior

1. Dedique ao menos quinze minutos por dia à prática da meditação em posição sentada. Registre sua experiência em seu diário ou comece um diário novo, especialmente para meditações.

Meditação em Posição Sentada

Acesso ao Mestre Interior.
Acesso à Qualidade da Sabedoria.

Propósito

O propósito da meditação em posição sentada é reverenciar o tempo sagrado. Tempo dedicado à introspecção, contemplação, descoberta e veneração do sagrado ou divino.

Postura

Sente-se numa cadeira ou no chão com os olhos fechados e as pernas cruzadas ou estendidas. As práticas ocidentais e orientais incorporaram a postura de joelhos ou em posição de prece, que é outra dentre as utilizadas para a meditação em posição sentada.

Processo

Neste tempo e postura sagrados, você pode solicitar orientação ou maneiras de lidar com a sabedoria tanto em situações íntimas quanto generalizadas.

Na meditação em posição sentada temos a oportunidade de transformar o crítico interno em testemunha imparcial. E também a oportunidade de receber orientação interior de como conduzir sua vida com sabedoria.

Essa postura lhe dá oportunidade de ir além das polarizações internas e externas, dos paradoxos e das contradições que estiver experimentando.

2. Dedique alguns instantes diários para ficar sozinho ou no doce território do silêncio, a fim de ouvir seu próprio conhecimento ou sabedoria. Dedique um dia inteiro por mês para permanecer totalmente em silêncio.

3. Crie alguns rituais pessoais que possam ampará-lo nas transições ou situações de perda.

4. Conscientemente, faça de cada dia um foco para a prática da sabedoria. Pergunte-se: "Quão objetivo posso permanecer? Sou capaz de aguardar em vez de agir quando estou confuso? Posso usar de discernimento em vez de julgar? Tomarei decisões somente do que estiver claro para mim?".

Figura sentada com pernas cruzadas, pintura em pedra. Sefar, Tassili, Deserto do Saara, Norte da África. Fonte: Mazonowicz, *Voices from the Stone Age* (p. 137)

5. *As ocasiões de despedida ou quando vamos dormir constituem práticas diárias que nos preparam para a arte de morrer ou de lidar com o desconhecido. Com essas duas práticas diárias, aprenda a confiar e a deixar que as coisas tomem seu rumo.*

6. *Dedique um espaço de tempo para honrar a riqueza de suas raízes e de sua herança.* Colecione fotos de seus parentes antepassados importantes. Use-as como lembretes visuais dos aspectos "bom, verdadeiro e belo" de sua herança.

7. *A cada mês, no dia de seu nascimento, faça alguma coisa que nunca tenha feito antes.* Incorporar essa prática mensal à sua vida aumenta sua capacidade de aproximar-se conscientemente do desconhecido, ao menos 12 vezes por ano.

8. *Durante este ano, quais são as limitações que você planejou liberar de sua natureza, para conseguir expressar mais completamente aquele que é você?*

A Terra é o centro do Universo
A casa é o centro da terra
A família é o centro da casa
A pessoa é o centro da família.
— Canção basca

Figura segurando escudo. Entalhe. Monumento Nacional do Dinossauro, Colorado.
Fonte: Mazonowicz, *Voices from the Stone Age* (p. 184)

Sumário do Arquétipo do Mestre

O arquétipo do Mestre pede-nos que sejamos abertos aos resultados, mas não nos prendamos a eles. Quando expressamos o Mestre, desenvolvemos nossa capacidade de desapego; honramos nossa herança; tornamo-nos mais flexíveis e fluidos, como a Avó Oceano; demonstramos sabedoria e seus componentes de clareza, objetividade e discernimento.

Aspectos da Sabedoria

- Clareza
- Objetividade
- Discernimento

Categorias de Espíritos Ancestrais

- Família por laços de sangue
- Família por afinidade e amigos
- Figuras históricas que nos inspiram

As Quatro Leis Imutáveis do Espírito de Harrison Owen
(ensinamentos sobre o desapego)

- Quem quer que esteja presente, é a pessoa certa
- Seja quando for que comece, é o tempo certo
- O que quer que aconteça, é a única coisa que poderia ter acontecido
- Quando acaba, acaba

As Seis Categorias de Perdas
de William Bridge

- Perda de laços
- Perda de rumos
- Perda de estrutura
- Perda de futuro
- Perda de significado
- Perda de controle

ACIMA: Centro das tabelas quadrangulares: Variações sobre o símbolo da lagarta azul (Xonecuilli). Fonte: Jorge Enciso, *Designs from pre-columbian Mexico* (Nova York, Dover, 1971)

*Para tudo há um tempo,
para cada coisa há um
momento sob os céus;
   Há tempo para nascer
e tempo para morrer;
   tempo para plantar
e tempo para colher;
   Tempo para matar e tempo
para sarar;
   tempo para demolir
e tempo para construir;
   Tempo para chorar e tempo
para rir;
   tempo para gemer e tempo
para dançar;
   Tempo para atirar pedras
e tempo para juntá-las;
   tempo para abraçar
e tempo para apartar-se;
   Tempo para ganhar e tempo
para perder;
   tempo para guardar
e tempo para jogar fora;
   Tempo para rasgar e tempo
para coser;
   tempo para calar e tempo
para falar;
   Tempo para amar e tempo
para odiar;
   tempo para a guerra,
e tempo para a paz.*

— Eclesiastes, 3:1-8

Questões

Pense em suas respostas às questões que se seguem. Para desenvolver o Mestre interior, formule e responda diariamente as de números 4 e 7.

1. *Quais foram os mestres significativos de minha vida? Destes, quais foram fontes de inspiração, e quais representaram desafios? Quais as qualidades que me atraíram neles, se existiram? O que isso revela a respeito de meu Mestre interior? Para quem você foi mestre e qual é seu mentor atual?*

2. *Quais as figuras do trapaceiro que, em minha vida, ensinaram-me sobre flexibilidade e revelaram meus padrões de posicionamento, julgamento e controle? Quais foram as "chamadas" que, algumas vezes, me despertaram? De que forma dei-me conta ou "acordei" para minhas limitações?*

3. *Que tipos de apego encontro em minha vida pessoal, profissional e espiritual?*

4. *Qual é o meu nível de tolerância em relação ao silêncio e em relação à minha capacidade de estar só?* Diariamente, permaneça em silêncio por um espaço de tempo. Desfrute de uma parte do dia como um tempo só seu, especial para ficar sozinho.

5. *Quais os ancestrais masculinos que foram tanto uma inspiração como um desafio para mim? Quais os ancestrais femininos que foram tanto uma inspiração como um desafio para mim?*

6. *Qual é minha capacidade de esperar para agir quando estou confuso? Que áreas de minha vida apresentam confusão atualmente?*

7. *De que, presentemente, tenho medo? O que estou conscientemente ignorando?*

8. *Das "Quatro Leis Imutáveis do Espírito" de Harrison Owen, qual é a mais difícil de aceitar ou praticar?*

9. *Que padrões familiares de negação de vida estou desejando conscientemente quebrar e não mais levar avante?*

10. *No passado e na herança de minha família, quais as qualidades trazidas até aqui e que posso identificar como "boas, verdadeiras e belas"?*

11. *Como tenho lidado com as perdas em minha vida? Das seis categorias de perdas, com quais me defronto atualmente?*

*Esta é a Hora da Liderança –
Relembrada, se sobrevivida,
como pessoas congelando,
recolhendo a Neve –
Primeiro – o calafrio –
depois o Entorpecimento –
e então o abandono.*

– Emily Dickinson, in:
Johnson, *Poemas Completos
de Emily Dickinson*

CONCLUSÃO

*Norte, Sul, Leste e Oeste
o rico círculo de minha vida
quando meu arco encontra o seu.*
— Richard Reiser

Percorrer o Caminho Quádruplo significa abrir-se aos arquétipos universais do Guerreiro, do Curador, do Visionário e do Mestre que se encontram dentro de nós esperando para expressar sua sabedoria em todos os nossos atos e escolhas no mundo. Muitas tradições xamânicas acreditam que a via do Guerreiro é saber o correto uso do poder; que a via do Curador é dar amor; que a via do Visionário é expressar criatividade e visão; e que a do Mestre é tomar a forma da sabedoria. Através do recurso do poder, somos capazes de nos mostrar. Por intermédio do recurso do amor somos capazes de estar atentos a tudo o que tem coração e significado. Por meio do recurso da visionarização somos capazes de dar voz ao que vemos e por meio do recurso da sabedoria somos capazes de estar abertos a todas as possibilidades, sem nos apegar aos resultados futuros. William Blake pode ter sido inspirado pelos quatro arquétipos para ter escrito: "Eu, em visão quádrupla vejo. E uma quádrupla visão me é dada. Quádruplo é meu supremo prazer...". Quando estamos abertos para ser poderosos, amantes, criativos e sábios, a experiência que temos do mundo e de nós mesmos é de quão maravilhosos somos.

Quatro Posturas Universais de Meditação

Tipos de Posturas de Meditação:
O que elas Revelam ou que Caminhos Abrem para o Indivíduo?

POSTURA	RECURSO INERENTE OBTIDO PELA POSTURA	FRASE DE INSPIRAÇÃO QUE SE APLICA À POSTURA
Meditação em pé	"Acesso ao guerreiro interior" Recurso: Poder e Presença	"Convencemos por nossa presença" — Walt Whitman, *Leaves of grass*
Meditação em posição deitada	"Acesso ao curador interior" Recurso: Amor	"O amor, que me criou, é o que sou" — *Um curso sobre milagres*
Meditação caminhando	"Acesso ao visionário interior" Recurso: Visões	"As jornadas para a obtenção de visões são um exercício de treinamento espiritual tão antigo quanto a humanidade" — a Brook Medicine Eagle, *Buffalo woman*
Meditação em posição sentada	"Acesso ao mestre interior" Recurso: Sabedoria	"O que se encontra atrás de nós e o que se encontra à nossa frente são detalhes de menor importância em comparação ao que se encontra dentro de nós" — Emerson (in: Van Ekeren)

O CAMINHO QUÁDRUPLO

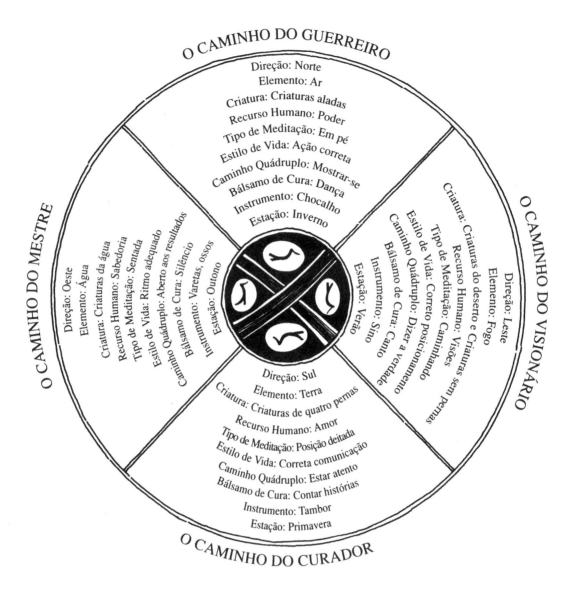

Transculturalmente, existem várias e diferentes perspectivas entre os povos indígenas de cada continente, no que diz respeito aos pontos cardeais e às estações do ano. No entanto, a maioria deles os vê tal como apresentados aqui.

ACIMA: Gravura de Constance King. Centro: O tema do quádruplo, que representa os grandes círculos da vida e são quase sempre compostos de quatro círculos ou figuras ovais ao redor de um centro comum, como nesta tigela de arte Cucuteni tardia. Cucuteni B2 (Buznca, cerca de Petra Neamt, Moldavia; 3.700-3.500 a.C.). Fonte: Marija Gimbutas, *The language of the goddess* (São Francisco, Harper & Row, 1990, p. 297)

Prece da Roda Medicinal dos Quatro Elementos da Costa Oeste de Turtle Island
Ralph Metzner

Ó, Grande Espírito do Norte,
Espírito Invisível do Ar,
E dos ventos frescos e gelados,
Ó, vasto e ilimitado Avô Céu,
Teu vivo sopro anima toda a existência.
Teu é o poder da luz e da força,
Poder de ouvir os sons que vêm da alma,
De levar de roldão os velhos padrões,
E de trazer a mudança e o desafio,
O êxtase do movimento e da dança.

Oramos para que possamos estar alinhados contigo,
Para que assim tua força possa fluir através de nós,
E ser expressa por nós,
Para o bem deste planeta,
E de todos os seres que nele vivem.

Ó, Grande Espírito do Leste,
Radiância do Sol nascente,
Espírito dos novos começos,
Ó, Grande Avô Fogo,
Grande fogo nuclear — do Sol,
Poder de vida-energia, raio vital,
Poder de ver longe, e de
Imaginar com simplicidade,
Poder de purificar nossos sentidos,
Corações e mentes.

Oramos para que possamos estar alinhados contigo,
Para que assim tuas forças possam fluir através de nós,
E ser expressas por nós,
Para o bem deste planeta Terra,
E de todos os seres que nele vivem.

Ó, Grande Espírito do Oeste,
Espírito das Grandes Águas,
Da chuva, rios, lagos e degelos.
Ó, Avó Oceano,
Matriz profunda, útero da vida,
Poder de dissolver fronteiras,
De desatar as amarras,
Poder de provar e de sentir,
De limpar e de curar,
Grande e abençoada escuridão da paz.

Oramos para que possamos estar alinhados contigo,
Para que assim tuas forças possam fluir através de nós,
E ser expressas por nós,
Para o bem deste planeta
E de todos os seres que nele vivem.

Ó, Grande Espírito do Sul,
Protetor da terra fértil,
E de todas as coisas verdes que crescem,
As nobres árvores e a grama,
Avó Terra, Alma da Natureza,
Grande poder da receptividade,
Do que nutre, do que suporta,
Poder de crescer e de fazer medrar
As flores do campo,
Os frutos dos pomares.

Oramos para que possamos estar alinhados contigo,
Para que assim tuas forças possam fluir através de nós,
E ser expressas por nós,
Para o bem deste planeta Terra,
E de todos os seres que nele vivem.

APÊNDICES

As mãos que doam também recebem.
— Provérbio equatoriano
(Feldman, *A world treasury*)

Imagens de mãos com estêncil. Gargas, Aventignan, França. Fonte: Douglas Mazonowicz, *Voices from the Stone Age: a search for cave and canyon art* (Nova York, Thomas Y. Crowell, 1974, p. 21)

Os documentos destes apêndices dizem respeito aos direitos universais a que todos os seres humanos fazem jus. São a demonstração do esforço que tem sido feito no sentido de afirmar e fazer valer esses direitos em todas as partes do mundo. Os que lutam pela paz e os que cuidam da terra, em todo o planeta, têm sempre apoiado o que o historiador das religiões, Mircea Eliade, afirma em sua obra *Shamanism*, como um apelo essencial para a redescoberta da história espiritual da humanidade:

> O Ocidente não será capaz de viver indefinidamente desagregado de uma parte importante de si mesmo, de uma parte construída a partir de fragmentos de uma história espiritual, de um significado e de uma mensagem que é incapaz de decifrar. Mais cedo ou mais tarde, o diálogo com os "outros" — os representantes das culturas asiáticas tradicionais ou "primitivas" — terá de ser levado a efeito, não mais na linguagem empírica e pragmática dos dias de hoje (que só é capaz de descrever as circunstâncias sociais, econômicas, políticas, de saúde etc.), mas numa linguagem cultural apta a dar expressão às realidades humanas e aos valores espirituais. Esse diálogo é inevitável; está escrito no livro do destino da história e seria de uma inocência trágica imaginar que ele pode continuar a ser indefinidamente perseguido no nível mental, tal como hoje se dá.

Por meio da implementação dos direitos humanos, o espírito humano tem a oportunidade de caminhar para a frente, respeitando a riqueza da diversidade que estimula o desenvolvimento da democracia espiritual.

APÊNDICE A

O espírito falará através de minha raça.

— José Vasconcelos,
fundador da educação moderna no México
(Moody, *The indigenous voice*)

Carta da Declaração Universal dos Direitos Humanos de Eleanor Roosevelt*

Preâmbulo: Declaração Universal dos Direitos Humanos

Considerando que o reconhecimento da inerente dignidade e dos iguais e inalienáveis direitos de todos os membros da família humana fundam-se na liberdade, justiça e na paz mundial,

Considerando que o desprezo e desrespeito pelos direitos humanos têm resultado em atos de barbárie que ultrajam a consciência da espécie humana, e que o advento de um mundo no qual os seres humanos gozarão de liberdade de palavra e de crença, e que viver sem medo e necessidade foi proclamada como a mais alta aspiração do cidadão comum,

Considerando que é essencial, não tendo sido o homem compelido a tal recurso senão em última instância, a revolta contra a tirania e a opressão, e que os direitos humanos serão garantidos pela proteção do espírito da lei,

Considerando que é essencial promover o desenvolvimento das relações de amizade entre as nações,

Considerando que os povos das Nações Unidas têm reafirmado em sua Carta sua fé nos direitos humanos fundamentais, na dignidade e no valor da pessoa humana e na igualdade de direitos de homens e mulheres, e que se determinaram a promover o progresso social e mais altos padrões de vida, dentro de maior liberdade,

Considerando que os Estados-Membros comprometeram-se a levar a cabo, em cooperação com as Nações Unidas, a promoção do respeito universal pela observância dos direitos e liberdades humanas fundamentais,

Considerando que o comum entendimento desses direitos e liberdades é da maior importância para a total realização desse compromisso,

A partir deste momento, portanto, A ASSEMBLÉIA GERAL proclama:

A presente Declaração Universal dos Direitos Humanos como padrão de alcance de todos os povos e de todas as nações, para que todos os indivíduos e todos os órgãos sociais, tendo-a sempre em mente, empenhem-se no ensino e na educação para a promoção desses direitos e liberdades, e que através de medidas progressivas, nacionais e internacionais, assegurem seu universal e efetivo reco-

---

* Fonte: Carta Internacional dos Direitos Humanos (Glen Ellen, CA, Entwhistle Books, 1981).

nhecimento e observância, tanto entre os povos dos Estados-Membros como entre os povos dos territórios sob sua jurisdição.

Artigo 1

Todos os seres humanos são livres e iguais em dignidade e direitos. São dotados de razão e consciência e devem agir um em relação ao outro dentro de um espírito de fraternidade.

Artigo 2

Todos somos titulares de todos os direitos e liberdades emitidos nesta Declaração, sem distinção de qualquer tipo, seja de raça, cor, sexo, idioma, religião, credo político ou opinião, origem nacional ou social, propriedade, nascimento ou qualquer outra categoria.

Mais ainda, não será feita distinção que tenha como base a situação política, jurídica ou internacional de país ou território do qual uma pessoa se origine, seja esse país ou território independente, encontre-se sob regime de possessão ou destituído de governo próprio ou sob qualquer outra limitação de soberania.

Artigo 3

Todos têm o direito à vida, à liberdade e à segurança pessoal.

Artigo 4

Ninguém será mantido sob regime de escravidão ou servidão; a escravidão e o tráfico de escravos serão proibidos em todas as formas.

Artigo 5

Ninguém será submetido à tortura, a tratamento ou pena cruel, desumana ou degradante.

Artigo 6

Todos têm direito a ser reconhecidos como pessoas ante a lei, independentemente de lugar.

Artigo 7

Todos são iguais perante a lei e têm o direito à igualdade de proteção legal. Todos têm igualdade de direitos contra qualquer discriminação em violação a esta Declaração e contra qualquer incitamento a esse tipo de discriminação.

Artigo 8

Todos têm direito ao efetivo recurso ante o tribunal competente, contra atos de violação dos direitos fundamentais garantidos pela constituição ou pela lei.

Artigo 9

Ninguém será submetido a prisão arbitrária, detenção ou exílio.

Artigo 10

Todos têm direito, em ampla igualdade, a ser legítima e publicamente ouvidos por tribunal independente e imparcial, na determinação de seus direitos e obrigações, e contra qualquer ato criminoso.

Artigo 11

1. Todos os acusados de ação prescrita em lei têm o direito de ser considerados inocentes até ser provada sua culpa, de acordo com a lei, em julgamento público no qual tenha tido acesso a todas as garantias necessárias à sua defesa.

2. Ninguém será considerado culpado por crime com base em ação ou omissão não prescrita em lei nacional ou internacional, ao tempo em que foi cometida.

Artigo 12

Ninguém será submetido a interferência arbitrária em sua privacidade, família, casa ou correspondência, nem a ataques à sua honra e reputação. Todos têm direito à proteção legal contra tais interferências ou ataques.

Artigo 13

1. Todos têm direito à liberdade de movimento e à moradia, dentro dos limites de cada Estado.

2. Todos têm direito a deixar qualquer país, inclusive o seu, e de a ele retornar.

Artigo 14

1. Todas as vítimas de perseguição têm direito a buscar e receber asilo em outros países.

2. Este direito pode não ser reconhecido em casos de perseguição legítima decorrente de crimes não-políticos ou de atos contrários aos propósitos e princípios das Nações Unidas.

Artigo 15

1. Todos têm direito à nacionalidade.

2. Ninguém será arbitrariamente despojado de sua nacionalidade, nem a ninguém será negado o direito de mudá-la.

Artigo 16

1. Homens e mulheres, maiores de idade, sem qualquer limitação de raça, nacionalidade ou religião, têm direito a contrair matrimônio e fundar uma família. Terão iguais direitos tanto para contrair matrimônio como durante este e perante sua dissolução.

2. O matrimônio será contraído apenas com o livre e total consentimento dos contraentes esposos.

3. A família é a natural e fundamental unidade grupal da sociedade e tem direito à proteção pela sociedade e pelo Estado.

Artigo 17

1. Todos têm direito a possuir propriedade, individualmente ou em associação com outrem.

2. Ninguém será arbitrariamente despojado de sua propriedade.

Artigo 18

Todos têm direito à liberdade de pensamento, consciência e religião; esse direito inclui a liberdade de mudar de religião ou crença, e a liberdade de, tanto individualmente como em comunhão com outros, de forma pública ou privada, manifestar, ensinar, praticar, venerar e observar essa religião ou crença.

Artigo 19

Todos têm direito à liberdade de opinião e expressão; esse direito inclui a liberdade de manter opinião sem interferências e a buscar, receber e compartilhar de informações e idéias através de qualquer meio de comunicação, independentemente de fronteiras.

Artigo 20

1. Todos têm direito à liberdade de reunir-se pacificamente em assembléias e associações.

2. Ninguém será obrigado a juntar-se a uma associação.

Artigo 21

1. Todos têm o direito de tomar parte no governo de seu país, diretamente ou através da livre escolha de seus representantes.

2. Todos têm igualdade de direitos para acesso aos cargos públicos de seu país.

3. O desejo do povo será a base da autoridade do governo; isso assim se fará expressar através de eleições periódicas e legítimas, por meio do sufrágio igual e universal, do voto secreto ou procedimento de livre escolha equivalente.

Artigo 22

Todos, enquanto membros da sociedade, têm direito à seguridade social e ao usufruto, através do esforço nacional e da cooperação internacional, e de acordo com a organização e os recursos de cada Estado, dos direitos econômicos, sociais e culturais indispensáveis à dignidade e livre desenvolvimento da personalidade.

Artigo 23

1. Todos têm direito ao trabalho, à livre escolha da ocupação, a justas e favoráveis condições de trabalho e à proteção contra o desemprego.

2. Todos, sem discriminação, têm direito à igualdade de salário em função de igualdade de atividades.

3. Todos os que trabalham têm direito a justa e razoável remuneração capaz de assegurar a si e a seus familiares uma existência à altura da dignidade humana, suplementada esta remuneração, se necessário, por outros meios de proteção social.

4. Todos têm direito a formar e associar-se a sindicatos para a proteção de seus interesses.

Artigo 24

Todos têm direito ao descanso e ao lazer, incluindo-se aí a razoável limitação dos horários de trabalho e os períodos de descanso remunerados.

Artigo 25

1. Todos têm direito a padrão de vida adequado à sua saúde e bem-estar e de sua família, incluindo alimentação, vestuário, habitação e assistência médica, aos necessários serviços sociais, à seguridade em caso de desemprego, doença, incapacidade, viuvez, velhice ou qualquer outra forma de limitação da capacidade para a própria manutenção em virtude de circunstâncias que escapem ao controle individual.

2. A maternidade e a infância terão direito a cuidados especiais e assistência. Toda criança, gerada dentro ou fora dos laços do matrimônio, gozará da mesma proteção social.

Artigo 26

1. Todos têm direito à educação. A educação será livre, ao menos em sua etapa básica e fundamental. A educação elementar será obrigatória. A educação técnica e profissional será oferecida a todos; a educação superior será acessível a todos, tendo como base o mérito.

2. A educação será dirigida para o amplo desenvolvimento da personalidade humana e para o fortalecimento do respeito pelos direitos e liberdades humanas fundamentais. Deverá promover o entendimento, a tolerância e a amizade entre todas as nações, grupos raciais e religiosos e incrementar as atividades das Nações Unidas para a manutenção da paz.

3. Os pais têm prioridade na escolha do tipo de educação que será oferecido a seus filhos.

Artigo 27

1. Todos têm direito à livre participação na vida cultural da comunidade, à expressão artística e à participação nos avanços científicos e seus benefícios.

2. Todo autor de produção científica, literária ou artística tem direito à proteção dos interesses morais e materiais advindos de sua obra.

Artigo 28

Todos têm direito à ordem social e internacional, nas quais os direitos e liberdades assentados nesta Declaração possam ser plenamente alcançados.

Artigo 29

1. Todos têm obrigações perante a comunidade, único meio no qual é possível o livre e completo desenvolvimento de sua personalidade.

2. No exercício de seus direitos e liberdades, todos estão sujeitos apenas às limitações determinadas por lei, especificamente voltadas para o objetivo do devido reconhecimento e respeito pelos direitos e liberdades de outrem, e que atendam ao padrão das justas necessidades de moralidade, ordem pública e bem-estar social, numa sociedade democrática.

3. Esses direitos e liberdades, em nenhum caso, deverão ser exercidos de forma contrária aos propósitos e princípios das Nações Unidas.

Artigo 30

Nada, nesta Declaração, poderá ser interpretado de forma a implicar o direito de qualquer Estado, grupo ou indivíduo, de comprometer-se em qualquer atividade ou levar a efeito qualquer ato que tenha como objetivo a destruição de qualquer dos direitos e liberdades aqui expostos.

Imagens de mãos com estêncil. Gargas, Aventignan, França.
Fonte: Douglas Mazonowicz, *Voices from the Stone Age: a search for cave and canyon art* (Nova York, Thomas Y. Crowell, 1974, p. 21)

APÊNDICE B

*O que movimenta o universo é a interação, a atração e repulsão
entre diversidades. Pluralidade é vida, uniformidade é morte.
Ao suprimir diferenças e peculiaridades, ao eliminar diferentes
civilizações e culturas, o progresso enfraquece a vida e favorece
a morte. O ideal de uma só civilização para todos implica o culto
do progresso e da técnica, que nos empobrece e nos mutila.
Cada visão de mundo que se apaga, cada cultura
que desaparece diminui a possibilidade de vida!*
— Octavio Paz, *The labyrinth of solitude*

Declaração de Princípios do Conselho Mundial dos Povos Indígenas*

1. Todos os direitos humanos dos povos indígenas serão respeitados. Não será permitida contra eles nenhuma forma de discriminação.

2. Todos os povos indígenas têm direito à autodeterminação. Por esse direito, podem esses povos livremente determinar seu desenvolvimento político, econômico, social, religioso e cultural, de acordo com os princípios estabelecidos nesta declaração.

3. Todo Estado-nação dentro do qual se encontrem povos indígenas reconhecerão a população, território e instituições pertencentes a esses povos.

4. As culturas dos povos indígenas são parte do patrimônio cultural da humanidade.

5. Os usos e costumes dos povos indígenas serão respeitados pelos Estados-nações e reconhecidos como legítima fonte de direito.

6. Os povos indígenas têm o direito de determinar que ou qual(is) pessoa(s), ou grupo(s) se inclui(em) em sua população.

7. Todos os povos indígenas têm o direito de determinar a forma, a estrutura e a jurisdição de suas próprias instituições.

8. As instituições dos povos indígenas assim como as dos Estados-nações devem ser estabelecidas em conformidade com os direitos humanos internacionalmente reconhecidos, tanto individuais como coletivos.

9. Os povos indígenas, e cada um de seus membros, têm o direito de participar da vida política dos Estados-nações onde estiverem localizados.

10. Os povos indígenas têm direito inalienável sobre suas terras por tradição, e seus respectivos recursos naturais. Todas as terras e recursos que

---

* Ratificado pela Quarta Assembléia do Conselho Mundial dos Povos Indígenas do Panamá, de 23 a 30 de setembro de 1984.

forem objeto de usurpação ou lhes forem retirados sem o livre e consciente consentimento dos povos indígenas devem ser-lhes devolvidos.

11. Os direitos dos povos indígenas sobre suas terras incluem: solo, subsolo, águas territoriais costeiras no interior e zonas costeiras econômicas, dentro dos limites estabelecidos por legislação internacional.

12. Todos os povos indígenas têm direito de livremente utilizar-se de sua riqueza e recursos naturais, com o fim de atender a suas necessidades e de acordo com os princípios de números 10 e 11 acima.

13. Não será implementada nenhuma ação ou processo que, direta e/ou indiretamente venha a resultar na destruição da terra, ar, geleiras, vida animal, meio ambiente ou recursos naturais sem o livre e bem informado consentimento dos povos indígenas afetados.

14. Os povos indígenas reassumirão seus direitos originais sobre sua cultura material, incluindo-se sítios arqueológicos, artefatos, gravuras e outras formas de expressão artística.

15. Todos os povos indígenas têm o direito de ser educados em seu próprio idioma e de estabelecer suas próprias instituições educacionais.

Os idiomas indígenas serão respeitados pelos Estados-nações em todos os acordos que entre eles se estabeleçam, numa base de igualdade e de não-discriminação.

16. Todos os tratados obtidos através de acordos entre os povos indígenas e representantes dos Estados-nação gozarão de plena validade perante a legislação nacional e internacional.

17. Os povos indígenas têm o direito de, em razão de suas tradições, livremente movimentar-se entre limites internacionais com a finalidade de conduzir suas tradicionais atividades e manter os laços de família.

18. Os povos indígenas, e suas autoridades assim designadas, têm o direito de ser consultados e autorizar a implementação de pesquisas científicas conduzidas dentro de seus territórios e o direito de ser informados sobre os resultados de tais atividades.

19. Os princípios aqui mencionados constituem-se nos mínimos direitos dos quais são titulares os povos indígenas, devendo ser complementados por todos os Estados-nações.

APÊNDICE C

Terra e paraíso estão dentro de nós.
— Mahatma Gandhi (Fox, *Original blessing*)

Haudenosaunee, ou Confederação das Seis Nações Iroquesas — Declaração ao Mundo — Maio de 1979*

A Declaração foi emitida pelo Conselho da Confederação das Seis Nações Iroquesas, de 27 de abril de 1979, dando início a uma declaração de cunho ambiental. O conselho solicitou que a Declaração fosse reimpressa e tivesse "a mais ampla divulgação possível".

A Haudenosaunee, ou Confederação das Seis Nações Iroquesas, situa-se entre os mais antigos governos em operação do mundo. Muito antes da chegada dos povos europeus à América do Norte, nossos povos se reuniam em conselho para promulgar os princípios da coexistência pacífica entre as nações e o reconhecimento dos direitos dos povos, tendo em vista uma existência contínua e ininterrupta. Os povos europeus deixavam nossas fogueiras de conselhos para palmilhar o mundo na divulgação dos princípios de justiça e de democracia que aprenderam conosco, e que tiveram profundos efeitos sobre a evolução do Mundo Moderno.

A primavera marca o bicentenário da Campanha de Clinton-Sullivan, invasão de nossos territórios ocorrida durante a Revolução Americana, que tinha como objetivo a destruição do povo Haudenosaunee. Em seu rastro, os exércitos americanos deixaram um caminho de "terra arrasada" de frenética destruição sobre nossas terras, deixando apenas cinzas à sua retirada. Tão feroz e tão malévola foi sua ação, que devastaram plantações de milho, cinturões de pomares frutíferos, torturaram e assassinaram mulheres nativas e, em seu caminho, mataram tudo o que tinha vida.

A intenção do exército americano, em 1779, era destruir até o último homem, mulher e criança Haudenosaunee. Com esse objetivo, empreenderam guerra contra nossas populações civis, e está claro em nossas mentes que estavam interessados não apenas em nossa derrota militar e política, mas que não descansariam até o total aniquilamento de tudo o que fizesse lembrar da existência dos Haudenosaunee. Sobrevivemos a esse ataque e a muitos mais desde então, mas estamos seriamente alarmados ante os fatos que tiveram lugar nestes duzentos anos.

Irmãos e Irmãs: quando os europeus pela primeira vez invadiram nossas terras encontraram um mundo agraciado pelas generosas dádivas da Criação. Até mesmo os soldados do exército do General Sullivan surpreenderam-se com o país no qual adentraram, uma terra onde um homem podia andar um dia inteiro sem divisar o céu, tão rica e saudável era nossa floresta. Era uma terra onde o galho mais próximo das árvores ficava a 15 metros do chão, e seus troncos eram tão largos que três homens de braços abertos e mãos dadas não eram suficientes para abraçá-las. As palavras dos soldados de Sullivan registram o que nós vos

---
* Fonte: Notas de Akwesasne (Primavera de 1979).

dissemos — que os rios eram tão cheios de peixes que, às vezes, mesmo quando a correnteza era ampla, um homem não conseguia divisar seu fundo.

Em toda a parte a caça era abundante e, por vezes, as aves escureciam o céu como nuvens negras, tão grande era seu número. Em nossa nação abundavam alces e cervos, ursos e cervos americanos, e éramos povos felizes e prósperos naqueles tempos.

Irmãos e Irmãs: Nossa Mãe, a Terra, está ficando velha agora. Já não mais abriga em seu peito os abundantes rebanhos que antes dividiam conosco seu espaço, e a maior parte das grandes florestas que são nosso lar hoje desapareceram. Foram abatidas há um século para serem transformadas em carvão para as forjas da Revolução Industrial; a maior parte dos animais foi dizimada pelo esporte da caça e pelos fazendeiros; a maior parte dos pássaros foi destruída por caçadores e pesticidas que proliferam neste século. Muitos dos rios correm cheios em função dos defluxos dos grandes centros populacionais de todo o país. Pode-se ver que a política da "terra arrasada" não terminou.

Irmãos e Irmãs: Estamos alarmados pelas evidências que se nos apresentam. A fumaça produzida pelos centros industriais no meio-oeste e ao redor dos Grandes Lagos levanta-se numa nuvem mortífera e retorna à terra na forma de chuva ácida sobre as Montanhas Adirondack, e não é possível a reprodução da vida entre os peixes em águas ácidas. No país alto das Montanhas Adirondack, os lagos estão imóveis, os peixes desapareceram.

Os povos que plantam nas terras que ocupamos por milhares de anos não têm amor pela vida do lugar. Todo ano fazem a mesma plantação, na mesma terra, e então são obrigados a lançar venenos sobre essa plantação para matar os insetos que naturalmente infestam seus campos, porque ou não praticam a rotatividade das colheitas, ou não permitem o descanso da terra. Os pesticidas atacam a vida dos pássaros e seus efeitos envenenam as águas da superfície.

Eles são levados também a lançar esses pesticidas sobre outras espécies de vida vegetal, e a cada ano as descargas desses campos transportam o veneno para as bacias de água de nosso país e para a água de todo o mundo.

Irmãos e Irmãs: Nosso antigo lar hoje está manchado com uma sucessão de descarregamentos químicos. Ao longo do Rio Niagara, a dixina, uma substância particularmente mortal, ameaça a vida que resta nele e nas águas de seus afluentes. Os departamentos florestais espalham poderosos inseticidas nas florestas que ainda sobrevivem para encorajar o turismo feito por pessoas em busca de alguns poucos dias ou semanas fora das cidades, onde o ar se tornou pesado com os óxidos sulfúrico e carbônico. Os inseticidas dizimam as moscas negras, mas também destroem muito da cadeia alimentar dos pássaros, peixes e da vida animal que também vive nessas regiões.

Os peixes dos Grandes Lagos são sufocados com mercúrio das indústrias, e o fluorido das fábricas de alumínio envenena a terra e as pessoas. O esgoto dos centros populacionais é misturado com PCBs e PBs nas bacias dos Grandes Lagos e dos Lagos Finger, e as águas de nenhum lugar são virtualmente seguras para nenhum ser vivente.

Irmãos e Irmãs: Estamos alarmados pelo fato de que uma cadeia de indústrias de energia nuclear está sendo construída ao redor de nosso país e que na ilha de Three Mile, ao sul de nosso antigo território, ocorreu um "acidente" que é o tipo de desastre que poderia ter acelerado o fim da vida aqui. Estamos consternados pelo fato de que um depósito de lixo nuclear em West Valley, no Estado de Nova York, acima de nossas comunidades, está liberando substâncias radioativas sobre nossas terras e na bacia do Lago Erie. Estamos escandalizados com o fato de que a informação sobre a natureza dessas instalações é do conhecimento apenas dos mais altos oficiais dos Estados Unidos, o que deixou as populações impossibilitadas de defender-se perante tais desdobramentos, e pelo fato de que o desenvolvimento da energia nuclear está sendo estimulado.

Estamos seriamente preocupados pelo bem-estar e contínua sobrevivência de nossos irmãos e irmãs no Sudeste e no Nordeste, que estão sendo expostos a minas de urânio e seus inerentes perigos. Os resíduos da mineração são os mais sujos que existem, sejam ou não confiáveis às maquinárias utilizadas. Já enormes quantidades de resíduos de urânio de baixo nível radioativo têm sido depositados nas cidades e utilizadas em materiais de construção de residências e edifícios públicos em uma larga área do Sudeste. Pessoas morreram, e é de se esperar que morram muitas mais.

Os proponentes do Ciclo de Combustível Nuclear emitem comunicados após comunicados ao povo, afirmando enfaticamente que os reatores nucleares são ajustados com dispositivos de segurança tão sofisticados que se fundirem é apenas a mais remota das possibilidades. No entanto, observamos que nenhuma maquinária ou qualquer outra invenção feita por mãos humanas é permanente. Nada que o ser humano jamais construiu, nem mesmo as pirâmides do Egito, resguardaram-se indefinidamente para a finalidade a que se destinavam. A única verdade universal aplicável aos dispositivos feitos pelo homem é que todos eles falharão quando chegar sua vez. Os reatores nucleares poderão também ser vítimas dessa verdade.

Irmãos e Irmãs: Não somos capazes de, adequadamente, expressar nosso sentimento de horror e repulsa quando atentamos para as políticas de indústria e governos norte-americanos, as quais ameaçam destruir toda existência. Nossos antepassados predisseram que o Estilo de Vida Europeu traria ao mundo um desequilíbrio espiritual, e que a Terra envelheceria em resultado desse desequilíbrio. Agora está diante de todos para que vejam que as forças produtivas de vida estão sendo revertidas, e que o potencial de vida está deixando esta terra. Só pessoas cujas mentes estivessem aquém da capacidade de perceber a verdade agiriam de maneira a ameaçar as futuras gerações humanas.

Irmãos e Irmãs: Apontamos para vós o Caminho Espiritual da Correção e da Razão. Trazemos ao vosso pensamento e mente que os seres humanos que possuem correção buscam, acima de tudo, a promoção da vida de todas as coisas. Dirigimo-nos a vossas mentes para afirmar que a paz não é meramente a ausência da guerra, mas o constante esforço no sentido de manter a harmoniosa co-existência entre os povos, de indivíduo para indivíduo, e entre seres humanos e outros seres deste planeta. Nós vos mostramos que uma Consciência Espiritual é o Caminho para a Sobrevivência da Humanidade. Nós, os que caminhamos sobre a Mãe Terra, ocupamos este lugar por apenas um pouco de tempo. É nosso dever, enquanto seres humanos, preservar a vida que está aqui em benefício das gerações que ainda virão.

Irmãos e Irmãs: Os Haudenosaunee estão determinados a levar a efeito qualquer ação possível para fazer cessar a destruição da Mãe Terra. Em nossos territórios, continuamos a desempenhar nossa função de cuidadores da terra. Neste papel, não podemos ser e não seremos negligentes diante do fato de que o futuro das próximas gerações vem sendo sistematicamente destruído. Reconhecemos que a luta é longa e que não podemos ter esperanças de vencê-la sozinhos. Para vencer, para assegurar o futuro, devemos juntar nossas mãos com os que pensam como nós e criar uma unidade contínua de força. Estas são as palavras com as quais comemoramos duzentos anos de injustiça e de destruição do mundo.

APÊNDICE D

O Uso do Termo "Nativos Americanos"*

Nossas preferências nos levam à utilização de termos tais como "povos nativos" em vez de Nativos Americanos, porque sentimos ser aquele o termo mais apropriado.

A única e mais opressiva realidade que se antepõe aos povos nativos dos Estados Unidos tem sido a consciente e persistente relutância da população americana no sentido de reconhecer que os povos nativos são membros de nações nativas. O argumento de que os povos nativos não são membros de suas próprias nações tem sido utilizado há longo tempo como forma de racionalização da negação dos direitos dos nativos à terra, água e a um estilo de vida (e de sobrevivência). De fato, a maquinária legal dos Estados Unidos e do Canadá afirmaram repetidamente que os povos nativos tanto não possuem *status* como nações, quanto suas nações existem numa relação especial com os Estados Unidos, sob a qual todos os direitos à terra, seus recursos e mesmo sua cultura são menores do que os que seriam de qualquer outro povo. Têm-se defendido políticas neste hemisfério que afirmam que os povos nativos não são legalmente seres humanos, porque não possuem *status* de reconhecida nacionalidade, e, assim, não têm quaisquer direitos.

Os jovens, nos Estados Unidos, precisam ser sensibilizados também para as políticas racistas que oprimiram os povos nativos de todo o mundo, e precisam ser encorajados a capacitar-se para identificar essas políticas. O termo Nativo Americano, em si e por si mesmo, é aparentemente inofensivo, mas é utilizado de maneira que leva quem o profere, mesmo que inocentemente, a pensar que os povos nativos são de alguma forma exatamente o mesmo que outros americanos hifenados (sino-americano, polonês-americano etc.). Nada teríamos a objetar contra isso, com exceção do fato de que os povos nativos são realmente membros de suas respectivas nações, e que a negação de seus direitos, enquanto nações distintas e separadas, com seus próprios territórios, soberanias, culturas e poder sobre suas próprias vidas, têm-se constituído na base de uma grande quantidade de políticas racistas no Hemisfério Ocidental. Em virtude dessa história, nossa própria preferência nos leva a utilizar termos tais como "povos nativos" em vez de Nativos Americanos, porque sentimos que o primeiro é um termo mais adequado.

---

* Fonte: *Notas de Akwesasne* (Primavera de 1977).

APÊNDICE E

*De onde eu venho, dizemos que o ritmo é a alma da vida,
porque todo o universo se movimenta em torno dele,
e quando saímos do ritmo é que surgem os problemas.
Por esta razão, o tambor, em seguida à voz humana,
é nosso mais importante instrumento. É especial.*

— Babatunde Olantuji, tamborista nigeriano

A Jornada do Tambor*

Por que será que as tradições orais de muitas culturas indígenas afirmam que a percussão em geral, e o som rítmico do tambor, em particular, facilitam a comunicação com o mundo espiritual? Porque Nevill Drury, autor de *The elements of shamanism*, escreve: "Uma coisa nunca cessa de surpreender-me — o fato de que no espaço de uma hora ou perto disso, de soar de tambor, as pessoas em geral são capazes de alcançar realidades míticas extraordinárias, com as quais jamais haviam sonhado".

Eu era estudante de graduação do Instituto de Psicologia Transpessoal, no outono de 1986, quando pela primeira vez tive a experiência da "jornada de tambor". O curso era "Xamanismo", uma síntese dos princípios universais da sabedoria de culturas nativas, ministrado por Angeles Arrien, antropóloga transcultural e especialista em folclore basco. Disseram-me para decidir qual mundo eu gostaria de visitar, o mais alto ou o subterrâneo. Decidi viajar para este último, à procura de meu animal de poder. Eu deveria imaginar uma entrada apropriada para esse mundo, e perguntar ao animal que aparecesse se era ele meu animal de poder. Este reapareceria três ou quatro vezes ou confirmaria a relação.

Minha sessão foi profunda. Obtive imagens visuais e somáticas vívidas, que incorporavam temas arquetípicos e xamânicos clássicos. Fiquei intrigada. Não havia nada em meu paradigma sobre "a forma como funciona o mundo", que pudesse dar conta de minhas poderosas imagens e reações emocionais. Quero dizer, afinal, eu estava no centro do subúrbio de Menlo Park, na Califórnia, numa classe com outros estudantes, às 15 horas. Como isso poderia ter acontecido? E, de qualquer forma, o que é exatamente "xamanismo"?

O Xamanismo e a Jornada Xamânica

Roger Walsh, em *The spirit of shamanism*, define o Xamanismo como "um conjunto de tradições cujos praticantes se concentram na obtenção de estados al-

---

* Resumido pela dra. Melinda C. Maxfield, a partir de sua tese de doutoramento: *Efeitos do ritmo do tambor sobre o EEG e experiências subjetivas*, apresentada à Faculdade do Instituto de Psicologia Transpessoal de Menlo Park, Califórnia, em 1991.

terados de consciência nos quais experimentam, por si mesmos, ou através de seus espíritos, viagens a outros reinos sob a orientação e interação com outras entidades para servir sua comunidade".

Os xamãs são muitas vezes chamados de "técnicos do sagrado" e "senhores do êxtase". Podem viajar para o mundo mais alto ou para o subterrâneo. As imagens tradicionalmente associadas com a jornada ao mundo mais alto abrangem: escalar montanhas, árvores, rochedos, arco-íris, escadas etc.; ascender aos céus; voar e encontrar um mestre ou guia. Essa jornada pode ser particularmante extática. Na jornada ao mundo subterrâneo, o xamã pode obter imagens de entrada na terra através de uma gruta, de um toco de árvore sagrada, de um poço, de um túnel ou de um tubo e encontrar seus animais de poder e aliados. O mundo subterrâneo, tradicionalmente, é lugar de provas e desafios.

Para dar cumprimento à jornada, o xamã penetra num tipo específico de estado alterado de consciência que exige que ele permaneça alerta e atento. Nesse estado, ele ou ela é capaz de movimentar-se entre a realidade comum e não-comum. Michael Harner o designa de co-produtivo, como Estado Xamânico de Consciência (SSC)*. Há várias técnicas para obter-se esse estado, incluindo-se: privação, jejum, fadiga, respiração ofegante, exposição a temperaturas extremas, uso de substâncias alucinógenas e o conjunto de crenças e cerimônias culturalmente ritualizadas.

Jornada do Tambor

Foi somente após três anos e muitas sessões de tambor, que me decidi treinar para tornar-me tamborista. Muitos amigos se juntaram a mim e batíamos o tambor regularmente. Eu tinha um sonho: seria possível criar um som de tambor para o *I Ching*? Sim, seria. O *I Ching*, ou *Livro das mutações*, é um antigo livro de sabedoria chinesa que consiste de 64 hexagramas que tratam de diversos aspectos e questões relacionadas a arquétipos ou energias universais. Cada hexagrama consiste de seis linhas, que tanto podem ser retas (–) como interrompidas (– –). Os padrões de batidas do tambor foram determinados a partir dos hexagramas: as linhas retas representam uma batida; as interrompidas, meia batida. Interpretamos o *I Ching* com o tambor escrevendo músicas e atendendo pessoas nas jornadas. Mas a questão persistia: por que é que bater desta forma o tambor pode facilitar experiências tão fortes? Como essa ferramenta poderia ser utilizada em psicoterapia? No trabalho com sonhos? Na cura?

A partir de minhas próprias experiências subjetivas, formulei a hipótese de que eu atingia um estado alterado de consciência de algum tipo relacionado, mas não igual ao estado de meditação. Se assim era, então, possivelmente, isso poderia ser testado medindo-se a atividade elétrica do cérebro por meio de uma máquina de eletroencefalograma (EEG). [Charles Tart define o Estado Alterado de Consciência (ASC)** como aquele no qual determinado indivíduo "sente claramente uma mudança *qualitativa* em seu padrão de funcionamento mental, ou seja, ele sente não apenas uma mudança quantitativa (mais ou menos alerta, mais ou menos imagens mentais, mais claras ou mais imprecisas etc.), mas também que alguma ou algumas propriedades de seu processo mental mostram-se *diferentes*".]

O que aconteceria, eu me perguntava, se convidasse alguns leigos, pessoas que nada soubessem sobre xamanismo ou jornadas de tambor, para um laboratório de *biofeedback**** e os fizesse passar por uma experiência com esse ins-

---

* Em inglês, *Shamanic State of Consciousness* — SSC. (N. T.)
** Em inglês, *Altered State of Consciousness* — ASC. (N. T.)
*** Literalmente, "laboratório de retroalimentação biológica", ou onde são coletados dados referentes ao campo da biologia. (N. T.)

trumento? Vários padrões de batidas poderiam ser associados a específicas atividades cerebrais? A experiência subjetiva de percussão, em geral, e do ritmo do tambor em particular, traria à tona imagens ou sensações que apresentassem um tema comum? À medida que escrevia meu plano de dissertação, decidi que, se este não fosse aceito, mesmo assim faria a pesquisa. O assunto central de minha tese "me havia" encontrado.

Freqüência de Ondas Cerebrais e EEG

Para entender os resultados dessa pesquisa, é necessário saber alguns dados sobre o EEG e as freqüências das ondas cerebrais. O EEG é um instrumento que produz um traçado dos vários comprimentos de ondas cerebrais. As ondas do EEG são classificadas de acordo com o número de vezes em que cada uma ocorre por segundo: chama-se a isto freqüência de onda. A freqüência de onda é medida em ciclos por segundo, ou Hertz (Hz), e pelo comprimento de onda. Por exemplo, uma onda que completa três ciclos num segundo é chamada de onda de três Hertz (Hz) ou de três por segundo.

Há quatro tipos maiores de comprimentos de ondas cerebrais ou freqüências: delta, teta, alfa e beta.

A freqüência Delta (abaixo de 4 Hz) é a onda mais longa e lenta, isto é, repete-se menos de quatro vezes por segundo. É associada ao sono ou inconsciência.

A freqüência Teta (de 4 a 8 Hz) é geralmente associada a estados de sonolência próximos da inconsciência, tais como os períodos que antecedem o despertar ou o adormecer. Esse ritmo é também relacionado a estados de devaneio e imagens hipnológicas ou do mesmo tipo das que se apresentam durante o sonho. Quase sempre essas imagens são assustadoras ou surpreendentes. Para muitas pessoas, é difícil manter a consciência durante o período teta sem alguma espécie de treinamento como a meditação.

A freqüência Alfa (de 8 a 13 Hz) é associada aos estados de relaxamento e bem-estar geral. Geralmente, se produz na região occipital do cérebro (córtex visual), quando os olhos estão fechados. A consciência está alerta, mas não concentrada, ou se apresenta concentrada no mundo interior.

A freqüência Beta (acima de 13 Hz) é associada à atenção ativa e à concentração no mundo exterior, tal como nas atividades normais e diárias. Também se apresenta nos estados de tensão, ansiedade, medo e perigo.

A pesquisa confirmou que as práticas espirituais como ioga e meditação provocam mudanças na atividade elétrica do cérebro, que levam ao aumento dos ritmos alfa e/ou teta, havendo-se descoberto que esta última representa o comprimento de onda cerebral característico dos que meditam por longos períodos. Essas pessoas são capazes de manter intacta sua autoconsciência, permanecendo alertas durante esse "nebuloso estado de consciência".

Teoria e Especulação

Não fui eu a única a me preocupar com a relação existente entre o toque do tambor e o reino espiritual. Outros pesquisadores, como o antropólogo R. Needham, fizeram-se indagações similares. Needham afirma que: "É comum o relato, constantemente encontrado na literatura etnográfica, de que o xamã bate o tambor para fazer contato com os espíritos" e que "constata-se que em todo o mundo a percussão, seja qual for o meio pelo qual se produza, permite ou acompanha a comunicação com o outro mundo". Pergunta ele: "Como pode alguém dar sentido à associação entre percussão e mundo espiritual?". E afirma: "A questão que parece ainda não ter sido formulada... é por que ele bate um tambor, e por que o som dessa batida é essencial à sua comunicação com as forças espirituais".

Esse fenômeno, universalmente observado, foi bem-documentado, mas permanece sem explicação. Existem, no entanto, muitas teorias e especulações: Seriam tais efeitos causados por elementos de condicionamento cultural, pela imaginação ou pela superstição? É o ritmo? É a monotonia? Existe algum processo fisiológico envolvido? Até hoje, temos apenas uma quantidade limitada de pesquisa científica sobre os efeitos psicológicos e neurofisiológicos do toque do tambor. Não foi senão com o trabalho pioneiro de Andrew Neher que se testou a estimulação acústica relacionada com esse instrumento. Por hipótese, ele confirmou a teoria de que o ritmo do tambor pode agir como um mecanismo de direcionamento auditivo, que leva o cérebro a uma freqüência de ressonância por meio de estímulos óticos; no entanto, essas descobertas foram consideradas como extremamente falhas por alguns, porque seu autor não havia controlado o movimento artificial.

Wolfgang Jilek, pesquisando as freqüências das batidas do tambor nas danças rituais dos índios Salish, descobriu que sua freqüência predominante era de quatro a sete ciclos por segundo, a freqüência de ondas EEG teta, no cérebro humano. Daí formulou a hipótese, tal como fizera Neher, de que essa freqüência deveria constituir-se o mais efetivo meio de se obter um estado alterado de consciência.

Uma imensa quantidade de literatura etnográfica se refere aos muitos e variados usos do tambor nas atividades religiosas e seculares de muitas culturas. Os usos específicos desse instrumento são tão diversificados como as culturas que o empregam. Abrangem rituais e cerimônias que envolvem festas comemorativas, colheita e semeadura, cura e sacrifício, observações celestes tais como solstício, equinócio, ritos de passagem (nascimentos, mortes, iniciações, matrimônios), procissões, ritos lunares, caça, declarações de guerras etc. Cada cultura possui seu próprio padrão de ritmos, que são incorporados aos rituais e às cerimônias.

O uso do tambor nas "jornadas" xamânicas é algo diferente dos demais usos, e os que o praticam afirmam que ele é indispensável à sua sessão xamânica. Dizem que se utilizam dele para entrar num estado alterado de consciência e que se transportam a outros reinos e realidades, interagindo com o mundo espiritual para benefício de sua comunidade. Afirmam que dirigem seu tambor pelo ar; que ele é seu "cavalo", sua "ponte de arco-íris" entre os mundos físico e espiritual. Mircea Eliade, autor de *Shamanism: archaic techniques of ecstasy*, enfatiza que "o tambor xamânico se distingue dos demais instrumentos do 'barulho mágico' precisamente porque ele torna possível uma experiência extática". O tambor xamânico, na maioria dos casos, reduz-se a uma batida monótona de 3 a 4 1/2 toques por segundo.

No Laboratório

Conduzi minha pesquisa com a tecnologia do laboratório de *biofeedback* da Mind Center Corporation. Esse sistema de múltiplas aplicações compõe-se de quatro módulos, todos à prova de som e luz externos. Os participantes podiam deitar-se na tradicional postura de jornada. Cada módulo era equipado com um sistema de som. A partir desses módulos, foram monitoradas quatro áreas corticais de atividade de ondas cerebrais teta, alfa e beta. Os canais bipolares (esquerdo e direito) tiveram seu registro por intermédio de eletrodos aplicados ao couro cabeludo, nas quatro áreas corticais: lobos parietotemporais esquerdo e direito, e lobos parietocentrais esquerdo e direito.

Os doze participantes foram divididos em três grupos. Três fitas com diferentes toques de tambor, que eu e meus tamboristas havíamos gravado num estúdio comercial, foram apresentadas aos grupos cujas respostas seriam monitoradas na freqüência do ECG. As fitas reproduziam os sons de: Tambor Xamânico, com aproximadamente quatro a quatorze e meia batidas por segundo; Tambor do *I Ching*, com aproximadamente três a quatro batidas por segundo; e Tambor Livre, que não incorporava nenhum padrão de sustentação rítmica. Foram monitoradas as quatro áreas corticais, pariotemporais e pariocentrais bilaterais de cada participante, durante três sessões. Nenhuma preparação referente à "jornada" lhes foi oferecida; apenas lhes foi recomendado que relaxassem, ouvissem as gravações e tentassem manter-se imóveis, pois qualquer movimento corporal poderia criar artifícios.

Ao final das sessões, cada participante preparou um breve relatório e se dispôs a uma entrevista gravada sobre sua experiência subjetiva. O conjunto dessas experiências era então classificado de acordo com os temas recorrentes e tópicos consensuais.

Resultados

A pesquisa confirma a teoria que sugere que a utilização do tambor pelas culturas indígenas em rituais e cerimônias *tem efeitos neurofisiológicos específicos e é capaz de fazer surgir mudanças temporárias nas atividades das ondas cerebrais*; dessa forma, facilita a criação de imagens e possibilita a entrada num estado alterado de consciência (ASC), especialmente no estado xamânico de consciência (SSC).

O padrão que obedece aproximadamente de 4 a 4 1/2 batidas por segundo é o que mais induz à obtenção de freqüência teta. Sete dos doze participantes demonstraram vários graus de aumento de teta durante o Tambor Xamânico.

As batidas de tambor, em geral, e as batidas rítmicas de tambor em particular, *quase sempre induzem a imagens de contexto cerimonial e ritualístico e constituem-se numa ferramenta de efetivo poder para a entrada num estado não-comum ou alterado de consciência (ASC), mesmo quando fora do ritual, da cerimônia e de objetivos culturais.* É interessante notar que todos os participantes relataram o aparecimento de alguma imagem, visual e/ou somática. Para oito deles as imagens foram vívidas. Esse fato demonstra o poder da força indutiva das batidas do tambor em geral, e das do Xamânico e do *I Ching* em particular, no sentido de aumentar a capacidade de obtenção de imagens. Parte-se para a hipótese de que o aumento dessa capacidade é resultado direto do incremento da freqüência teta.

O padrão de batidas do tambor, considerado como número de batidas por segundo, pode ser correlacionado com o resultado de mudanças temporárias na freqüência de ondas cerebrais (ciclos por segundo) e/ou com as experiências subjetivas, *desde que os padrões obtidos com o tambor permaneçam por, no mínimo, de 13 a 15 minutos.* Por várias vezes, observou-se uma acelerada modificação da freqüência, traduzida por aumento ou diminuição no nono minuto, mais nitidamente no caso das freqüências teta e alfa. De acordo com as observações de campo, e com os relatórios subjetivos, o período de tempo necessário para que a maioria das pessoas fosse afetada/induzida pelo tocar do tambor parece ser de 13 a 15 minutos. Geralmente, observa-se um aumento ou diminuição rápido das ondas teta e/ou alfa no ponto dos 15 minutos, com um gradual aumento ou diminuição aos vinte. Isto se harmoniza com as conclusões das pesquisas sobre meditação, no que se refere ao espaço de tempo necessário para os níveis ótimos de resposta fisiológica, e, de acordo com Angeles Arrien, com os ensinamentos orais de algumas culturas indígenas, sobre estimulação auditiva.

O tocar do tambor também traz à tona experiências subjetivas e imagens com temas comuns. As primeiras 12 categorias se baseiam nos temas comuns, tal como foram relatados nos relatórios verbais e escritos realizados pelos participantes sobre suas experiências em uma ou mais sessões, durante o toque do tambor. Aqui se incluem:

Perda da Noção de Continuidade de Tempo (LTC)*

Sete dos 12 participantes estiveram conscientes do fato e afirmaram que perderam a noção de continuidade, não tendo assim um sentido claro do tempo de duração da sessão de tambor.

Sensações de Movimento

Esta categoria inclui a experiência de sensações tais como:

sentir o corpo ou partes dele pulsando ou expandindo-se;
sentir pressão sobre o corpo ou partes dele, especialmente na cabeça, garganta e tórax;
sentir um movimento de ondas de energia pelo corpo;
sensações de voar, de movimentar-se em espirais, de dançar, correr etc.

Dez dos doze participantes experimentaram uma ou mais das categorias de "sensações de movimento".

Energização

Nove dos doze participantes mencionaram especificamente que se sentiram energizados durante e/ou imediatamente após a sessão com o tambor.

Variações de Temperatura (Quente/Frio)

Seis dos doze participantes experimentaram súbitas mudanças de temperatura (isto é, calafrios, ondas de calor, sudorese).

Relaxados, Ativo/Lúcido

Cinco dos doze participantes notaram que se sentiram particularmente relaxados, ativos e lúcidos. Isso se definia geralmente no campo das emoções.

Desconforto

Cinco dos doze participantes mencionaram especificamente a sensação de variados estados de desconforto emocional ou físico.

Experiências Fora do Corpo (OBE)**/Visitações

Três dos doze participantes afirmaram que passaram pela experiência de sair do módulo, ou de serem visitados pela presença de uma pessoa durante a sessão. Essa categoria se diferencia da "Jornada" pelo fato de que nenhuma imagem xamânica se fez presente.

---

* Em inglês, *Loss of Time Continuum* — LTC. (N. T.)
** Em inglês, *Out-of-Body* (OBE) — Fora do corpo. (N. T.)

Imagens

Imagens Vívidas: Os doze participantes relataram algum tipo de imagens. Oito dentre eles relataram experiências com imagens visuais vívidas ou sensações (somáticas).

Nativos: Nove dos doze participantes viram ou sentiram nativos africanos, tahitianos, esquimós ou nativos americanos, geralmente participando de rituais e/ou cerimônias que envolviam dança, canto ou salmodias, caçando ou tocando o tambor.

Animais/Paisagens: Sete dos doze participantes reportaram um grande leque de imagens de animais e de paisagens.

Pessoas: Nove dos doze participantes obtiveram imagens de amigos de infância ou pessoas que tiveram um papel importante em seu passado, mestres "sem rosto", tamboristas não-nativos, rostos não-identificados etc.

Jornada: Cinco das descrições das experiências dos doze participantes apresentaram imagens clássicas da jornada xamânica, tais como: andar dentro de um buraco ou caverna; ser atirado dentro de um tubo ou túnel em espiral para cima ou para baixo; ser iniciado, subir numa árvore invertida e aparecimento de animais de poder e tutelares.

Estados Alterados ou Não-Comuns de Consciência (ASC)

A maioria dos participantes, em uma ou mais sessões, estava consciente do fato de que houve uma mudança qualitativa de suas funções mentais, e os doze temas, tal como aparecem resumidos nos relatórios verbais e escritos dos participantes, podem ser correlacionados com as características delineadas por Ludwig, que tendem a ser as mesmas da maioria dos estados alterados de consciência. Oito dentre os doze participantes experimentaram ao menos um episódio de jornada, experiência fora do corpo ou visitações; os dados sugerem que eles atingiram um estado alterado de consciência. Registrou-se um total de 13 episódios, para o total de 35 sessões individuais.

Honrar a Todos os Caminhos

Parece válida a ligação que as tradições orais antigas estabelecem entre o toque do tambor e a realidade incomum. Quantas outras tradições espirituais guardam em si as ferramentas que podemos utilizar para a cura da mente, do corpo e do espírito? Não temos mais condições de dispensá-las como produtos de uma imaginação superativa, da superstição ou de uma rematada psicopatologia e charlatanismo.

Muitas culturas indígenas não separam os processos psicológicos dos espirituais. Charles Tart enfatiza que: "Muitos povos primitivos... acreditam que quase todo adulto normal tem capacidade para entrar em estado de transe e ser possuído por um deus; o adulto que não puder fazer isso é um ser psicologicamente incapacitado".

Michael Harner afirma: "É extremamente difícil fazer um julgamento sem preconceitos sobre a validade das experiências nos estados contrastantes de consciência... As pessoas mais preconceituosas em relação ao conceito de realidade incomum são aquelas que nunca passaram por essa experiência".

Agora é tempo de unir as disciplinas, quase sempre isoladas, da medicina, da psicologia, da religião, da antropologia, da etnomusicologia, da ciência, da sociologia etc. Se os pesquisadores de cada uma dessas áreas continuar seu trabalho no vácuo de sua própria disciplina, a exata natureza de certos fenômenos, continuamente reportados, poderá não ser encontrada nunca.

Referências

ARRIEN, A. (1989). Comunicação Pessoal.

ACHTERBERG, J. (1985). *Imagery in healing: shamanism and modern medicine*. Boston, Shambhala. (No Brasil, traduzido sob o título: *Imaginação na cura: xamanismo e medicina moderna*. São Paulo, Summus, 1996.)

DRURY, N. (1989). *Elements of shamanism*. Longmead, Shaftesbury, Dorset: Element Books.

ELIADE, M. (1964). *Shamanism: archaic techniques of ecstasy* (Trad. para o inglês de W. R. Trask). Princeton, Princeton University Press.

HARNER, M. J. (1980). *The way of the shaman: a guide to power and healing*. São Francisco, Harper & Row.

HART, M. (1990). *Drumming at the edge of magic*. Nova York, Harper Collins.

I Ching, O livro das mutações (3ª ed., 1950) (Trad. de R. W. Wilhelm, versão para o inglês de C. F. Baynes). Princeton, Princeton University Press. (Bollingen Series XIX).

JILEK, W. G. (1982). "Altered states of consciousness in North American Indian ceremonials". *Ethos,* 10, pp. 326-43.

LUDWIG, A. C. (1968). "Altered states of consciouness". In: R. Prince (ed.). *Trance and possession states*. Montreal, R. M. Bucke Memorial Society, McGill University, pp. 69-95.

NEEDHAM, R. (1979). "Percussion and transition". In: W. A. Lessa e E. Z. Vogt (eds.). *Reader in comparative religion* (pp. 311-17). Nova York, Harper & Row (reeditado a partir de Man. 2, 1967, pp. 606-14).

NEHER, A. (1961). "Auditory driving observed with scalp electrodes in normal subjects". *EEG and clinical neurophysiology,* 13, pp. 449-51.

_____. (1962). "A physiological explanation of unusual behavior in cerimonies involving drums". *Human Biology*, 34, nº 2, Maio 1962, pp. 151-60.

TART, C. T. (ed.) (1972). *Altered states of conciousness*. 2ª ed., Garden City, NY, Anchor Books, Doubleday.

WALSH, R. (1990). *The spirit of shamanism*. Los Angeles, Jeremy P. Tarcher.

AGRADECIMENTOS PELOS DIREITOS DE USO

A autora e a editora agradecem a permissão de uso de citações e imagens das obras mencionadas a seguir. Foram efetuados diligentes esforços para obter permissão para reproduzir obras de trabalhos previamente publicados. Em alguns poucos casos, essa permissão não foi recebida a tempo para o agradecimento formal. Quaisquer omissões serão corrigidas nas futuras edições, com prévio aviso. Todas as citações publicadas, no entanto, encontram-se formalmente apontadas e listadas na bibliografia.

Notas de Akwesasne, para "O Uso do Termo Nativos Americanos", Primavera de 1977; "Declaração ao Mundo de Haudenosaunee — Maio de 1979", Primavera de 1979. Uso permitido.

Robert Bly, para parte do poema de Antonio Machado, *Times alone: selected poems of Antonio Machado*, tradução de Robert Bly (Middletown, CT: Wesleyan University Press, 1983).

"Chronicle Books", poema de Francisco X. Alarcon, *Body in flames*, tradução de Francisco Aragon (São Francisco, Chronicle Books, 1990).

Columbia University Press, para a citação de *Sources of japanese tradition*, compilado por Ryusaku Tsunoda, Wm. Theodore de Bary e Donald Keene. Copyright © 1958, Columbia University Press, Nova York. Uso permitido pela editora.

Doubleday Publishers, para a citação do *The tao of power, a new translation of the Tao Te Ching*, de R. L. Wing (Nova York, A Dolphin Book/Doubleday, 1986); e para a citação de Margery Williams, *The velveteen rabbit* (Nova York, Doubleday, 1991). De trechos do *The gaia atlas of first peoples*, de Julian Burger. Copyright © 1990, por Gaia Books, Ltd., Londres. Uso permitido por Doubleday, uma divisão da Bantam Doubleday Dell Publishing Group, Inc.

Dover Publications, Inc., para a citação de Miguel de Unamuno, *Tragic sense of life* (Nova York, Dover Publications, Inc., 1954).

Jane English, foto do Lauburu, de seus arquivos fotográficos.

Cortesia de Marija Gimbutas, para gravuras de Marija Gimbutas, *The language of the godess* (São Francisco, Harper & Row, 1990).

Green Earth Observer, de Ralph Metzner, "Prece da Roda Medicinal dos Quatro Elementos da Costa Oeste da Ilha de Tartaruga", *Green Earth Observer*, P.O. Box 327, El Verano, CA 95433.

Grove Press, para a citação de Octavio Paz, *The labyrinth of solitude* (Nova York, Grove Press, 1985).

HarperCollins, para a citação de Lao Tsé, *Tao Te Ching* (Nova versão para o inglês), tradução de Stephen Mitchell (Nova York, Harper & Row, 1988). Copyrigth © 1988 por Stephen Mitchell. Reeditada por licença de Harper Collins Publishers.

Indiana University Press, para duas imagens de Felicitas D. Goodman, *Where the spirits ride the wind* (Bloomington, Indiana, Indiana University Press, 1990).

Little, Brown & Company, para a citação do *The complete poems de Emily Dickinson*, publicado por Thomas H. Johnson. Copyright © 1929 de Martha Dickinson Bianchi; Copyright © renovado em 1957 por Mary L. Hampson. Permissão de Little, Brown and Company.

Douglas Mazonowicz, para várias imagens do autor de *Voices from the Stone Age: a search for cave and canyon art* (Nova York, Thomas Y. Crowell Company, 1974).

Melinda C. Maxfield, Ph.D., para o resumo de sua dissertação *The journey of the drum: effects of rhythmic drumming on EEG and subjective experience* (Menlo Park, CA, Instituto de Psicologia Transpessoal, 1991).

Roger Moody, para a citação do autor, da edição do *The indigenous voice: visions and realities*, vols. 1 e 2 (Londres, Zed Books Ltd., 1988).

"New Directions Publishing" para a citação de Gary Snyder, *The real work*. Copyright © 1980, por New Dimensions Publishing Corp. Reeditado sob permissão de New Directions.

North Atlantic Books, para as citações de Richard Strozzi Heckler, *In search of the Warrior spirit* (Berkeley, CA, North Atlantic Books, 1990).

Paragon House, para a citação de Allan Combs e Mark Holland, de sua obra *Synchronicity: science, myth and the trickster* (Nova York, Paragon House, 1990).

Paulist Press, para a citação do Irmão David Steindl-Rast, *Gratefulness, the heart of prayer: an approach to life in fullness* (Nova York, Paulist Press, 1984).

Penguin Books Ltd., para o verso 10 do *The Rubaiyat of Omar Khayyan*, tradução de Peter Avery e John Heath-Stubbs (Allen Lane, 1979). Copyright © da tradução 1979, de Peter Avery e John Heath-Stubbs.

Prentice Hall, para as citações de Glenn Van Ekeren, *The speaker's sourcebook: quotes, stories and anecdotes for every occasion* (Nova Jersey, Prentice Hall, divisão de Simon & Schuster, 1988).

Richard Reiser, para o Haiku escrito durante um *workshop* na Universidade de Estudos Humanísticos de San Diego, Califórnia.

Shaman's drum, para o artigo completo, "Do Editor", de Timothy White, *Shaman's drum 15* (Mid-Winter, 1989).

Shambhala Publications, Inc. para as citações de *Woman as healer*, de Jeanne Achterberg, Copyright © 1990. Reeditado por acordos com Shambhala Publications, Inc., 300 Massachusetts Ave., Boston, MA 02115. De *Zen lessons: the art of leadership*, tradução de Thomas Cleary. Copyright © 1989, por Thomas Cleary. Reeditado por acordos com Shambhala Publications, Inc., 300 Massachusetts Ave., Boston, MA 02115.

Threshold Books, para a citação de *Unseen rain, quatrains of rumi*, tradução de John Moyne e Coleman Barks, Putney, VT: Threshold Books, 1986.

University of Nebraska Press, para a citação de John G. Niehardt, *Black elk speaks: being the life story of a holy man of the oglala sioux as told through John G. Niehardt (Flaming rainbow)*. 5ª ed., Lincoln, University of Nebraska Press, 1972, 1989.

Conselho Mundial dos Povos Indígenas, para o documento de Douglas E. Sanders, "A Formação do Conselho Mundial dos Povos Indígenas", IWGIA, Documento nº 29, de 1977; e para o documento "Conselho Mundial dos Povos Indígenas — Declaração de Princípios", Canadá, WCIP, 555 King Edward Ave., 2nd Fl., Ottawa, ON, Canadá KIN 6N5.

BIBLIOGRAFIA

ACHTERBERG, Jeanne. *Imagery and healing: shamanism and modern medicine.* Boston, New Science Library, 1985. No Brasil, editado sob o título: *A imaginação na cura: xamanismo e medicina moderna.* São Paulo, Summus, 1996.

——. *Woman as healer.* Boston, Shambhala, 1990.

ALARCON, Francisco X. *Body in flames.* Tradução de Francisco Aragon. São Francisco, Chronicle Books, 1990.

ANDERSON, William. *Green man: the archetype of our oneness with the earth.* São Francisco, Harper São Francisco, 1990.

ANDREWS, Valerie. *A passion for this earth: exploring a new partnership of man, woman and nature.* São Francisco, Harper São Francisco, 1990.

ARRIEN, Angeles. *The basque people.* Sumário e esboço de pesquisa integrada. Berkeley, 1979.

——. *Cross-cultural research outline.* São Francisco, 1987.

——. *Cross-cultural spiritual perspectives.* Módulo de Ensino. Menlo Park, CA, Instituto de Psicologia Transpessoal, Programa de Graduação Externa, 1985.

——. *Cross-cultural values and transpersonal experience.* Módulo de Ensino. Menlo Park, CA, Instituto de Psicologia Transpessoal, Graduação Externa, 1987.

——. "Meditation: Four Portals to the Inner Life". *L. A. Resources* (ago./set., 1988).

——. *Signs of life: the five universal shapes and how to use them.* Sonoma, CA, Arcus Publishing Company, 1992.

AVERY, Peter e HEATH-STUBBS, John tradutores de *The Rubaiyat of Omar Khayyam.* Londres, Penguin Books, 1981.

BACH, Edward. *Heal thyself: an explanation of the real cause and cure of disease.* Londres, C.W. Daniel, 1974.

——. *The twelve healers and other remedies.* Londres, C.W. Daniel, 1975.

BANCROFT-HUNT, Norman e WERNER, Forman. *People of the totem: the indians of the Pacific Coast.* Nova York, Putnam, 1979.

BARKS, Coleman e MOYNE, John. *Open secret.* Putney, VT, Threshold Books, 1984.

——. *Unseen rain.* Putney, VT, Threshold Books, 1986.

BATESON, Gregory. *Steps to an ecology of mind.* Nova York, Ballantine, 1972.

BAYLEY, Harold. *The lost language of symbolism,* vols. 1 e 2. Nova York, Carol Publishing Group, 1989.

BECK, Peggy V. e WALTERS, Anna L. *The sacred: ways of knowledge, sources of life.* Tsaile (Nação Navajo), AZ, Navajo Community College Press, 1977, 1988.

BECK, Renee e SIDNEY, Barbara Metrick. *The art of ritual.* Berkeley, Celestial Arts, 1990.

BECKER, James M. (ed.). *Schooling for a global age.* Nova York, McGraw, 1979.

BENNIS, Warren. *On becoming a leader.* Reading, MA, Addison-Wesley, 1989.

BERNBAUM, Edwin. *Sacred mountains of the world.* São Francisco, Sierra Club Books, 1990.

BERRY, Thomas. *The dream of the earth.* São Francisco, CA, Sierra Club Nature and Natural Philosophy Library, 1988.

Bible, versão do Hamden, CT, Shoestring Press, 1968.

BIERHORST, John, ed. *The sacred path.* Nova York, William Morrow, 1983.

BOURGUIGNON, Erika, ed. *Religion, altered states of consciousness, and social change.* Columbus, Ohio State University Press, 1973

BOYD, Doug. *Rolling thunder: a personal exploration into the secret healing power of an american indian medicine man*. Nova York, Random House, 1974.

BRIDGES, William. *Surviving corporate transition*. Nova York, Doubleday, 1988.

———. *Transitions: making sense of life's changes*. Reading, MA, Addison-Wesley, 1980.

BURGER, Julian. *The gaia atlas of first peoples: a future for the indigenous world*. Garden City, NY, Anchor Books, Doubleday, 1990.

CAHILL, Sedonia e HALPERN, Joshua. *The ceremonial circle: practice, ritual, and renewal for personal and community healing*. São Francisco, Harper São Francisco, 1992.

CAMPBELL, Joseph. *The hero with a thousand faces*. Princeton, Série Bollingen, Editora de Universidade de Princeton, 1949.

———. *The masks of God*. 4 vols. Nova York, Viking Press, 1959, 1968, no Brasil, sob o título: *As máscaras de Deus*. São Paulo, Pallas Atena.

———. *The way of the animal powers*. v. 1. *Historical atlas of world mithology*. Londres, Summerfield Press, 1983.

CARROL, Lewis. *Alice's adventures in wonderland*. Nova York, Schocken Books, 1978.

———. *Through the looking glass & what Alice found there*. Berkeley, CA, Editora da Universidade do Estado da Califórnia, 1983.

———. *Alice no país das maravilhas, através do espelho e o que Alice encontrou lá*. (Versão para adultos.) São Paulo, Summus, 1980.

CATALFO, Phil. "Medicine Man". (Artigo sobre Bobby McFerrin.) *New Age Journal*, v. 8, 2ª ed., mar./abr. de 1991.

CHINEN, Alan. *In the ever after: fairy tales and the second half of life*. Wilmette, IL, Chiron, 1989.

50 Años de Pintura Vasca (1885-1935). Madri, Museo Español de Arte Contemporáneo, out./dez. de 1971.

CLARK, G. e PIGGOTT, S. *Prehistoric societies*. Nova York, Knopf, 1965.

CLEARY, Thomas (tradução para o inglês): *Zen lessons: the art of leadership*. Boston, Shambhala, 1989.

COMBS, Allan e HOLLAND, Mark. *Sinchronicity: science, myth and the trickster*. Nova York, Paragon House, 1990.

CONFUCIUS. *Most compelling sayings by confucius*. Tradução para o inglês de Leonard D. Lynall. *Most meaningful classics in world culture series*. Albuquerque, NM, American Classical College Press, 1983.

CONRAD, Barnaby. *Famous last words*. Garden City, NY, Doubleday, 1961.

COSTELLO, Peter. *The magic zoo*. Nova York, St. Martin, 1979.

A Course in Miracles. Tiburon, CA, Foundation for Inner Peace, 1975.

DAVEY, William G. *Intercultural theory and practice: a case method aproach*. Washington, DC, Sietar International, 1981.

DAVIS, Courtney. *The celtic art source book*. Londres, Blandford Press, 1988.

DEAL, Terrence E. e KENNEDY, Allan A. *Corporate cultures*. Reading, MA, Addison-Wesley, 1982.

DOSSEY, Larry. *Recovering the soul: a scientific and spiritual search*. Nova York, Bantam Books/Doubleday, 1989.

———. *Space, time and medicine*. Boulder, CO, Shambhala, 1982.

DRURY, Nevill. *The elements of shamanism*. Longmead, Shaftesbury, Dorset, Inglaterra, Element Books Limited, 1989.

DUNDES, Alan. *Every man his way: readings in cultural anthropology*. Englewood Cliffs, NJ, Prentice-Hall, 1986.

DYCHTWALD, Ken. *Body-Mind*. Nova York, Pantheon Books, 1977.

EAGLE, Brook Medicine. *Buffalo woman comes singing*. Nova York, Ballantine Books, 1991.

ELIADE, M. *Shamanism: archaic techniques of ecstasy*. Princeton, NJ, Princeton University Press, 1964.

ELKIN, A. P. *The australian aborigines*. Garden City, NY, Anchor/Doubleday, 1964.

EMERSON, V. F. "Can Belief Systems influence Neurophysiology? Some Implications of Research in Meditation". *Revista Newsletter. The R.M. Bucke Memorial Society,* nº 5, 1972, pp. 20-32.

ESAR, Evan. *20.000 quips and quotes.* Garden City, NY, Doubleday, 1968.

FEHER-ELSTON, Catherine. *Ravensong.* Flagstaff, AZ, Northland, 1991.

FEINSTEIN, David. "Personal Mythologies a Paradigm for a Holistic Public Psychology". *American Journal of Orthopsychiatry,* 49, nº 2, 1979, pp. 198-217.

FELDMAN, Christina e KORNFIELD, Jack. (eds.). *Stories of the spirit, stories of the hearth: parables of the spiritual path from around the world.* São Francisco, Harper São Francisco, 1991.

FELDMAN, Reynold e VOELKE, Cynthia A. *A world treasury of folk wisdom.* São Francisco, Harper São Francisco, 1992.

FELDMAN, Susan. *African myths and tales.* Nova York, Dell Publishing, 1963.

FERGUSON, Alfred R. *et al.* (eds.). *The collected works of Ralph Waldo Emerson,* v. 1, *Nature, Addresses and Lectures.* Cambridge, MA, Harvard University Press, 1979.

FERRUCCI, Piero. *Inevitable grace.* Los Angeles, Jeremy Tarcher, 1990.

FOX, Matthew. *Original blessing.* Santa Fé, NM, Bear & Co., 1983.

FRANK, Frederick. *To be human against all odds.* Berkeley, CA., Asian Humanities Press, 1991.

FRANK, Jerome D. *Persuasion and healing: a comparative study of psychotherapy.* Baltimore, John Hopkins University Press, 1961.

FRAZER, James G. *The golden bough: the roots of religion and folklore.* Nova York, Avenel Books, 1981.

FRITZ, Robert. *The path of least resistance: learning to become a creative force in your life.* Nova York, Fawcett Columbine Book/Ballantine Books, 1984, 1989.

GALLEGOS, Stephen Eligio. *Animals of the four windows: integrating thinking, sensing, feeling and imagery.* Santa Fé, NM, Moon Bear Press, 1992.

——. *The personal totem pole: animal imagery, the chackras and psychoterapy.* Santa Fé, NM, Moon Bear Press, 1987.

GEERTZ, C. *The interpretation of cultures.* Nova York, Basic Books, 1973.

GIMBUTAS, Marija. *The language of the goddess.* São Francisco, Harper & Row, 1990.

GIONO, Jean. *The goddesses and Gods of old Europe: myths and cult images.* Reedição. Londres, Thames and Hudson Ltd. (1974), 1989.

——. *The man who planted trees.* Reedição. Chelsea, VT., Chelsea Green Publisnhing, 1985; publicado originalmente em 1954.

——. *Song of the world.* Reedição. São Francisco, North Point Press, 1980; publicado originalmente em 1934.

GOLDMAN, Daniel. *The varieties of meditative experience.* Nova York, Dutton, 1977.

GOODMAN, Felicitas D. *Ecstasy, ritual and alternative reality: religion in a pluralistic world.* Bloomington, Indiana University Press, 1988.

——. *How about demons? Possession and exorcism in the modern world.* Bloomington, Indiana University Press, 1988.

——. *Speaking in tongues: a cross-cultural study in glossolalia.* Chicago, Indiana University Press, 1972.

——. *Where the spirits ride the wind.* Bloomington, Indiana University Press, 1990.

GRAVES, Robert. *New Larousse Encyclopedia of Mithology.* Londres e Nova York, Hamlyn, 1968; primeira edição: 1959.

GRAY, Leslie. "Personal conversation and co-facilitated workshop with Leslie Gray". São Francisco, CA, 1988.

GRIFFIN, Susan. *Woman and nature: the roaring inside her.* Nova York, Harper & Row, 1978.

GROF, Christina e GROF, Stanislav. *The stormy search for the self.* Los Angeles, Jeremy P. Tarcher, 1990.

GROF, S. *Realms of the human unconscious.* Nova York, Viking, 1975.

GROSSINGER, Richard. *Planet medicine: from stone age shamanism to post-industrial healing.* Garden City, NY, Anchor Press/Doubleday, 1980.

HAGUE, Michael. *Mother goose.* Nova York, Henry Holt, 1984.

HALIFAX, Joan. *Shamanic voices. A survey of visionary narratives.* Nova York, E. P. Dutton, 1979.

——. *The wounded healer.* Londres, Thames and Hudson, 1982.

HALL, Edward T. *Beyond cultures.* Garden City, NY, Anchor Press, 1976.

HARNER, Michael. *The jivaros: people of the sacred waterfalls.* Garden City, NY, Anchor/Doubleday, 1973.

——. *The way of the shaman.* Nova York, Bantam, 1982.

——. Para obter as fitas de tambor de Michael Harner, escreva para: Foundation for Shamanic Studies, Box 670, Belden Station, Norwalk, CT, 06852. Para obter as fitas de tambor do *I Ching*, escreva para: Maxfield, P.O. Box 2216, Saratoga, CA, 95707-0216.

HARNSBERGER, Caroline Thomas. *Everyone's Mark Twain.* Nova York, A. S. Barnes, 1972.

HARRIS, Philip R. e MORAN, Robert T. *Managing cultural differences.* Houston, Gulf Publishing, 1978.

HART, Mickey e STEVENS, Jay. *Drumming at the edge of magic: a journey into the spirit of percussion.* São Francisco, Harper São Francisco, 1990.

HECKLER, Richard. *In search of the warrior spirit.* Berkeley, North Atlantic Books, 1990.

HIGHWATER, Jamake. *The primal mind: vision and reality in indian america.* Nova York, New American Library, 1981.

HILLMAN, James. *Anima: an anatomy of personified notion.* Dallas, Spring Publications, 1985.

HIXON, Lee. *Coming home.* Nova York, Anchor, 1978.

HOOPES, David S. (ed.). *Intercultural sourcebook: cross-cultural training methodologies.* La Grange Park, IL, Intercultural Network, 1979.

HOPPAL, Mihaly (ed.). *Shamanismo in Eurasia.* vols. 1 e 2. Goettingen, Herodot, 1984.

Arquivo da Área de Relações Humanas (Human Relations Area File, HRAF). Série Pesquisa sobre o Campo. Pesquisa sobre Culturas Mundiais. HRAF Files, Inc. New Haven, CT, New Hraf Press/Yale University Press, 1949-1990.

HUXLEY, Aldous. *Music at night and others essays.* Salem, NH, Ayer, 1931.

INGERMAN, Sandra. *Soul retrieval: mending the fragmented self.* São Francisco, Harper São Francisco, 1991.

International Bibliography of Social and Cultural Anthopology. Paris, Unesco, 1955.

International Bill of Human Rights. Glen Ellen, CA, Entwhistle Books, 1981.

JAIN, Nemi C. (ed.). *International and Intercultural Communication Annual,* v. 5. Yarmouth, ME, Intercult, PR, 1979.

JIMENEZ, Juan Ramon. *Three hundred poems 1930-1953.* Tradução para o inglês de Eloise Roach. Austin, University of Texas Press, 1957.

JOHNSON, Robert. *Inner work.* São Francisco, Harper & Row, 1986.

JOHNSON, Thomas H. (ed.). *The complete poems of Emily Dickinson.* Boston, Little Brown and Co., 1960, nº 1099.

JOY, Brugh. *Avalanche: heretical reflections on the dark and the light.* Nova York, Ballantine, 1990.

KALWEIT, Holger. *Dream time and inner space: the world of the shaman.* Boston e Londres, Shambhala, 1988

KANTER, Rosabeth M. *The change masters: innovation for productivity in the american corporation.* Nova York, Simon & Schuster, 1985.

KAZANTZAKIS, Nikos. *The odissey: a modern sequel.* Tradução para o inglês de Kimon Friar. Nova York, Touchstone Book, Simon & Schuster, 1958.

KING, Serge. "The Way of the Adventurer". *American theosophist.* 1985, pp. 391-401.

KINNEY, Jay. "Imagination and the Sacred with Kathleen Raine". *Gnose,* 23. Primavera de 1992.

KRIPPNER, Stanley e FEINSTEIN, David. *Personal mythology: the psychology of your evolving self.* Los Angeles, Jeremy P. Tarcher, 1988.

LAHR, Jane e TABORI, Lena. *Love: a celebration in art and literature.* Nova York, Stewart, Tabori & Chang, l982.

LARSEN, Stephen. *The shaman doorway: opening imagination to power and myth.* Barrytown, Nova York, Station Hill Press, 1988.

LASKI, M. *Ecstasy: a study of some secular and religious experiences.* Nova York, Greenwood Press, 1968.

LAWLOR, Robert. *Voices of the first day: awakening in the aboriginal dreamtime.* Rochester, VT, Inner Traditions International, 1991.

LEACH, Maria e FRIED, Jerome (eds.). *Standard Dictionary of Mithology, Folklore and Legends.* Ramsey, NJ, Funk & Wagnall, 1972.

LEHRMAN, Frederic. *The sacred landscape.* Berkeley, Celestial Arts Publishing, 1988.

LEWIS, Hunter. *A question of values: six ways we make the personal choices that shape our lives.* São Francisco, Harper & Row, 1990.

LHOTE, Henri. *The search for the tassili frescoes.* Tradução para o francês de Alan Houghton Brodrick. Nova York, E. P. Dutton & Co., 1959.

LIPPITT, Gordon L. e HOOPES, David S. *Helping across cultures.* Washington, DC, Fundação Internacional dos Consultores, 1978.

MACHADO, Antonio. *Times alone: selected poems of Antonio Machado.* Tradução para o inglês de Robert Bly. Middletown, CT, Wesleyan University Press, 1983.

MAJNO, Guido. *The healing hand: man and wound in the ancient world.* Cambridge, Harvard University Press, 1975.

MARTIN, Joanne *et al.* (eds.). *Organizational symbolism.* Greenwich, CT, JAI Press, 1983.

———. *The uniqueness paradox in organizational stories.* Pesquisa de dissertação nº 678. Palo Alto, CA, Escola Graduada de Administração da Universidade de Stanford, 1983.

MARUYAMA, Magorah e HARKINS, Arthur (eds.). *Cultures beyond earth: the role of anthropology in outer space.* Nova York, Random House, 1975.

MATHIESSEN, Peter. *Indian country.* Nova York, Viking Press, 1984.

MAXFIELD, Melinda C. *Effects of rhythmic drumming on EEG and subjetive experience.* Tese de doutorado. Menlo Park, Institute of Transpersonal Psychology, 1991.

MAY, Rollo. *The Courage to Create.* Nova York, Norton, 1975.

MAZONOWICZ, Douglas. *Voices from the Stone Age: a search for cave and canyon art.* Nova York, Thomas Y. Crowell, 1974.

MBITI, John S. *African religions and philosophy.* Garden City, NY, Anchor Books, 1970.

MCGAA, Ed (Eagle Man). *Rainbow tribe: ordinary people journeying on the red road.* São Francisco, Harper São Francisco, 1992.

———. *Mother earth spirituality.* São Francisco, Harper & Row, 1990.

MEAD, Margaret. *Culture and commitment. The new relationships between the generations.* Nova York, Anchor Press/Doubleday, 1978.

MEIER, C. A. *A testament to the wilderness: ten essays on an address.* Santa Monica, CA, Lapis Press, 1985.

METZNER, Ralph. *Opening to the inner light.* Los Angeles, Jeremy P. Tarcher, 1986.

MILLER, Alice. *Prisoners of childhood.* Nova York, Basic, 1981

MILLER, Alice; HANNUM, Hildegarde e HANNUM, Hunter. *Untouched key: tracing childhood trauma in creativity and destructivity.* Nova York, Doubleday, 1990.

MILTON, John. *English minor poems, paradise lost, samson agonistes, areopagitica.* Chicago, Enciclopédia Britânica, Série Grandes Obras do Mundo Ocidental, v. 32, 1952.

MINDELL, Arnold. *The leader as marcial artist.* São Francisco, Harper São Francisco, 1992.

MITCHELL, Stephen. *Tao Te Ching. A new english version.* Nova York, Harper & Row, 1988.

MONROE, Ruth H. e MONROE, Robert L. *Cross-cultural human development.* Monterey, CA, Brooks/Cole, 1975.

MOODY, Roger (ed.). *The indigenous voice.* vols. 1 e 2. Londres, Zed Press, 1988.

MORRIS, Desmond; COLLETT, Peter; MARSH, Peter e O'SHAUGHNESSY, Marie. *Gestures.* Chelsea, MI, Scarborough House, 1979.

MOSTAKAS, Clark. *Creativity and conformity.* Princeton, NJ, Van Nostrand, 1967.

MUNRO, Eleanor. *Originals: American women artists.* Nova York, Simon & Schuster, 1979.

NEHER, Andrew. "A physiological explanation of unusual behavior in cerimonies involving drums". *Human Biology,* 34. Maio de 1962, pp. 151-60.

NELSON R. K. *Make prayers to the raven: a koyukon view of the northern forest.* Chicago, University of Chicago Press, 1983.

NERBURN, Kent e NENGELKOCH, Louise. *Native american wisdom.* San Rafael, CA, New World Library, 1991.

NERUDA, Pablo. *Five decades: Poems (1925-1970).* Edição bilíngüe. Tradução para o inglês de Ben Bellit. Nova York, Grove Press.

NICHOLSON, Irene. *Mexican and central american mithology.* Londres, Nova York, Sydney, Toronto, Paul Hamlyn, 1967.

NICHOLSON, Shirley. *Shamanism.* Wheaton, IL, The Theosophical Publishing House, 1987.

OWEN, Harrison. *Leadership is.* Potomac, MD, Abbott Publications, 1990.

PAGE, James K. Jr. *Rare glimpse into the evolving way of the hopi.* Washington, DC, Smithsonion Institute Press, nov. de 1975.

PAZ, Octavio. *The labyrinth of solitude.* Tradução para o inglês de Lysander Kemp, Yara Milos e Rachel P. Belash. Nova York, Grove Press, 1985.

PETER, Laurence J. *Peter's quotations: ideas for our time.* Nova York, William Morrow, 1977.

PETERS, Larry G. "Using shamanism for personal empowerment: An interview with Leslie Gray". *ReVision,* v. 13, nº 2, 1991.

PETERS, Larry G. e PRICE-WILLIAMS, Douglas. "A phenomenological overview of trance". *Transcultural Psychiatric Research Review*, 20, 1983, pp. 5-39.

RADIN, Paul. *The tricker: A study in American Indian mithology.* Nova York, Schocken Books, 1972.

RAY, Dorothy Jean. *Eskimo masks: art and cerimony.* Seattle, Londres, Washington University Press, 1967.

RILKE, Ranier Maria. *The selected poetry of Rainer Maria Rilke.* Edição e tradução para o inglês de Stephen Mitchell. Nova York, Vintage International, 1989.

ROBERT, R. (ed.). *Four psychologies applied to education.* Cambridge, Schekman, 1974.

ROSENTHAL, Robert. *Skill in nonverbal communication.* Weston, MA, Oelgeschlager, Gunn and Hain, 1979.

ROSZAK, T. *Person/Planet.* Nova York, Anchor/Doubleday, 1978.

ROTH, Gabrielle e LOUDON, John. *Maps to ecstasy: teachings of an urban shaman.* San Rafael, CA, New World Library, 1989.

SANDNER, Donald. *Navaho symbols of healing.* Nova York e Londres, Harcourt, Brace & Jovanovich, 1979.

SARTON, May. *Journal of a solitude.* Markham, Ontario, Penguin Books, Canadá Ltd., 1973.

SCHUTZ, William. *Profound simplicity.* Nova York, Bantam, 1979. No Brasil, traduzido sob o título: *Profunda simplicidade.* São Paulo, Ágora, 1989.

——. *The truth option.* Berkeley, Ten Speed Press, 1984.

SEGALL, Marshall H.; CAMPBELL, Donald T. e HERSKOVITZ, Melville J. *The influence of culture in visual perception.* Indianápolis, Bobbs Merril, 1966.

SEVERY, Merle (ed.). *Greece and Rome: Builders of our world.* Washington, DC, National Geographic Society, 1968.

Shaman's Drum: A Journal of Experiential Shamanism. P.O. Box 430, Willits, CA, 95490.

SHAPIRO, Barbara S. *Edgar Degas: The reluctant impressionist*. Boston, Catálogo da Exposição do Museu de Belas Artes de Boston, 1974.

SMITH, Elise C. e LUCE, Louise F. (eds.). *Towards internationalism: readings in cross-cultural communication*. Nova York, Harper & Row, 1979.

SMITH, Houston. *Forgotten truth*. Nova York, Harper & Row, 1976.

SNYDER, Gary. *The real work: interviews and talks (1964-1979)*. (Ed. por Wm. Scott McLean.) Toronto, A New Directions Book, 1980.

SPANGLER, David e IRWIN, William Thompson. *Reimagination of the world: a critique of the new age, science and popular culture*. Santa Fé, NM, Bear and Company, 1991.

STARHAWK. *Dreaming the dark*. Boston, Beacon Press, 1982.

STEINDL-RAST, Irmão David. *Gratefulness, the heart of prayer*. Mahwah, NJ, Paulist Press, 1984.

STEINER, Rudolf. *Ancient myths: their meaning and connection with evolution*. Toronto, Canadá, Steiner Book Centre, 1971.

STEVENS, Jose e STEVENS, Lena S. *Secrets of shamanism: tapping the spirit power within you*. Nova York, Avon, 1990.

STEWART, Edward C. *American cultural patterns: a cross-cultural perspective*. Yarmouth, ME, Intercultural Press, 1972.

STORM, Hyemeyohsts. *Seven arrows*. Nova York, Ballantine Books, 1972.

STORR, Anthony. *Solitude: a return to the self*. Nova York, Ballantine Books, 1988.

SUN, Bear. *The medicine wheel: earth astrology*. Nova York, Prentice Hall Press, 1980.

SUZUKI, Mitsu. *Temple Dusk: Zen Haiku*. Berkeley, CA, Parallax Press, 1992.

TEILHARD DE CHARDIN, Pierre. *The phenomenon of man*. Nova York, Harper & Row, 1959; reeditado em 1975.

TEISH, Luisah. *Jambalaya*. São Francisco, Harper & Row, 1985.

TIGER, Lionel. *Optimism: the biology of hope*. Nova York, A Touchstone Book, Simon & Schuster, 1979.

TOFFLER, Alvin. *Future shock*. Nova York, Bantam, 1971.

TRIANDIS, Harry. *Handbook of cross-cultural psychology*. 6 vols. Needham Heights, MA, Allyn & Bacon, Inc/Simon & Schuster, 1980-1981.

TSUNODA, Ryusaku; DEBARRY, Theodore e KEENE, Donald. *Sources of japonese tradition*. Nova York, Columbia University Press, 1958.

TURNER, Victor. *The ritual process*. Chicago, Aldine, 1969.

UHLEIN, Gabrielle. *Meditations with Hildegarde de Bingen*. Santa Fé, NM, Bear & Co., 1983.

UNAMUNO, Miguel de. *Tragic sense of life*. Nova York, Dover, 1954.

Upanishads. Tradução para o inglês de Juan Mascaro (Série Clássicos). Nova York, Viking Penguin, 1965.

VAN EKEREN, Glenn. *The speaker's sourcebook: quotes, stories and anecdotes for every occasion*. New Jersey, Prentice Hall, 1988.

VAN GENNEP, Arnold. *Rites of passage*. Chicago, University of Chicago Press, 1961.

VAUGHN, Frances. *Awakening intuition*. Nova York, Doubleday, 1979.

——. *The inward arc: healing and wholeness in psychotherapy and spirituality*. Boston, New Science Library/Shambhala, 1986.

VEITH, Ilza (trad.). *The yellow emperor's classic of internal medicine (Huang Ti Nei Ching Su Wen)*. Berkeley, University of California Press, 1966.

VON FRANZ, Marie-Louise. *Projection and re-collection in jungian psychology: reflection of the soul*. Tradução para o inglês de William H. Kennedy. Peru, IL, Open-Court, 1985.

WALL, Steve e ARDEN, Harvey. *Wisdomkeepers: Meetings with native americans spiritual elders*. Hillsboro, OR, Beyond Words Publishing, 1990.

WALSH, R. e VAUGHN, F. *Beyond ego*. Los Angeles, Tarcher, 1980.

WALSH, Roger. *The spirit of shamanism*. Los Angeles, Jeremy P. Tarcher, 1990.

———. *Staying alive*: *the psychology of human survival*. Boston, Shambhala /New Science Library, 1984.

WARNER, Mary Alice e BEILENSON, Dayna (eds.). *Women of faith and spirit: their word and thoughts*. White Plains, NY, Peter Pauper Press, 1987.

WATTS, Alan. *Beyond theology*. Cleveland, Meridian, 1975.

WEATHERHEAD, L. D. *Psychology, religion and healing*. Nova York, Abingdon-Cokesbury Press, 1951.

WEIL, Andrew. *Health and healing*. Boston, Houghton Mifflin, 1983.

WHITMAN, Walt. *Complete poetry and selected prose and letters*. (Ed. por Emory Holloway.) Londres, The Nonesuch Press, 1967.

———. *Leaves of grass*. Nova York, Doubleday, 1954.

WILBER, Ken. *A sociable god*. Nova York, McGraw-Hill, 1983.

———. *Up from Eden*. Nova York, Anchor/Doubleday, 1981.

WILHELM, Richard. *The I Ching or book of changes*. Tradução para o inglês de Cary F. Baynes. Série Bollingen. Princeton, Princeton University Press, 1977.

WILLIAMS, Margery. *The velveteen rabbit or how toys become real*. Nova York, Doubleday & Co.

WING, R. L. *The tao of power: Lao Tzu's classic guide to leadership, influence and excellence*. Garden City, NY, Dolphin Book/Doubleday, 1986

WINCKELMAN, Michael. "Trance States: A theoretical model and cross-cultural analysis". *Ethos*, 14, 1968, pp. 174-203.

WOODS, Ralph (ed.). *Treasures of inspiration*. Nova York, Thomas Crowell, 1981.

YWAHOO, Dhyani. *Voices of our ancestors: cheroquee teachings from the wisdom fire*. Boston, Shambhala, 1987.

Para informações a respeito de *workshops* sobre programas de treinamento do Caminho Quádruplo, escreva para:
 Office of Angeles Arrien
 P.O. Box 2077
 Sausalito, CA 94966
 USA

Angeles Arrien, Ph.D., é antropóloga, escritora, educadora e consultora empresarial.

Ela faz palestras e *workshops* pelo mundo todo, estabelecendo uma ponte entre a antropologia cultural, a psicologia e as religiões comparadas.

Seu trabalho revela o quanto a sabedoria indígena é relevante em nossa vida familiar e profissional, e em nossa relação com a Terra.

www.gruposummus.com.br

Impressão e Acabamento
Bartira
Gráfica
(011) 4393-2911